討厭媽媽的我，是不是個壞女兒？

김선영
金善英 著
黃莞婷 譯

推薦序
月亮也有光害

作家　林佳樺

我母親曾教過一款遊戲：兩人分站樓梯彼端猜拳，贏者跨出一層階梯。我有時自上而下俯視對方，有時反之，不變的是在一階階的行進過程中，細觀母親的五官來猜測手勢及跨出的雙腳。

閱讀韓國諮商師金善英此書《討厭媽媽的我，是不是個壞女兒？》，好似回到階梯遊戲的場景，我有時自梯上俯看母親，有時自下方仰望，對方距離太遠時，渴望拉近；快要迫近時，又慌張逃離。小時我處處模仿她，長大後則事事叛離，出自她子宮的我想要將真正的自己生出來。也許觀看母親的時間長達數十年，飲食習慣、習性舉止長久習染，我活成了她。

後來我身兼女兒與人母，對書中提到的數十種母女惡劣關係捏了把冷汗，過度保護、設下種種期望值、討拍……母親的教養正被我複製著。我父親是中學教師，不知母親是天性使然或是受配偶影響，她的教養過程，「老師」角色已超越「母親」，甚至比學校老師嚴苛——坐姿吃相、課業、品行、擇友……均是高標，我的所有努力僅達及格。如此互動是「控制——討好」，往後，我跌倒時不再是撒嬌求安慰，而是掩飾，因為我母親給予的處方箋是「妳應該……」、「妳不應該……」。看了此書，才恍然自己為何喜歡看幼兒學步，因為孩子跌撞時，大人會趕過去抱抱，安慰不哭，我通常是被要求自己站起來。人與人之間的語言若能像徐風之下的浪，緩緩推向岸頭，湧上一些沙再慢慢退去，有些東西沖來又帶走；但我家母女的互動是狂風洶浪，岸石被侵蝕出坑疤，甚至被捲入海中。

書名有著怵目的「討厭」與「壞」，看似遠離，實則是省思、修補，在靠近與遠離的拉扯中跌撞、平衡，最後共存。遇過真正對母親絕情的兒女，他們選擇對母親無視，「討厭」與「壞」尚且有溫度。

作者有三位母親——生母與兩個繼母，後兩位真的如同刻板印象中的後母，因此作者成年自組家庭後，將自身的苦痛與對親情的渴望投射到下一代，在女兒身上傾注了滿滿的愛，滿到溢了出來。閱讀過程，我們隨著作者歷經一次次的「心理復健」，作者是諮商師，能及早察覺關係間的病兆，我們一般人也許病已沉痾仍然習焉不察。

此書與往昔閱讀的文學書不太一樣，文學中探討親子關係縱使挖得深入，但極少給出解決良方，文學不負責給答案，例如有句很俗的話是：「母女是道難解的習題」。而此書第一章剖析各個母女相處的面相與難題，第二章是

「解法」，我內心狐疑：有用嗎？如果有用，怎會還有如此多錯綜紛雜的親子課題？後來不禁對自己的輕忽態度汗顏。當警察就能遏止犯罪嗎？但每年仍有許多學子選擇警大。正因為有人試圖努力，試圖求解，試圖在人們心中種下「修補是有希望」的種子。只是求解過程不知道會歷經多少碰撞。

許多親子教養書是由父母那方努力，金善英此書是由女兒這方思索、出發。有些母親是孩子人生路上的ＧＰＳ，一上路便定好省時的「正確」道路及抵達時間（但什麼是「正確」呢？），孩子一走錯便持續響起警戒聲，彎路、冒險都不在導航系統之內。然而有時清幽美景是繞路時不經意的發現。

我不禁想為母親們平反一下，書中對於母親性格的歸類多半是負面：控制狂、直升機、情緒勒索、監獄式牢籠……此時不妨從另一角度省思，女兒的性格如何呢？人們總指責母鳥沒有訓練雛鳥飛行，導致小鳥翅膀退化，設若雛鳥本性是懶、不想飛呢？

孩子從母親的子宮甬道奮力推進，迎向幽深洞口的光，然後醫生切斷連結的臍帶，因此女兒若承受了母親那方極大的痛苦或壓力，要與對方保持距離並不容易。作者是諮商師，提出的看法是：「學會不在意，挖掘其他樂趣，保有生活的獨立性。情緒獨立才是真正的大人。」

也許有些母親看似大人，內在仍是小孩，她們的情緒與小孩的成就黏著在一起。這些母親夠努力了，但正因為過度努力，才造成孩子們的逃離。

日與月分屬陽與陰、父與母，月亮不全是溫柔的光，「討厭媽媽」與當「壞女兒」的內在緣由都是為了修補。母女都是女人，一分為二，看似對決，最終是希望將母親與女兒各自修補成完好的大人。

推薦序

成為壞女兒，妳才能從生病的母愛中健康起來

《愛媽媽，為什麼這麼難？》作者／心理師 黃惠萱

當編輯寄給我這本《討厭媽媽的我，是不是個壞女兒？》的推薦邀請函時，我看到這個名字就被觸動了，這跟我多年前寫的書《愛媽媽，為什麼這麼難？》在書名上有異曲同工之妙，都直接挑開了病態的母女關係中不能言說的負面情緒。

幾年前我根據多年心理治療經驗，寫了《愛媽媽，為什麼這麼難？》這

本書，這是一本以母女關係為主軸來談療癒的書，希望每一個在母愛中創傷的母親與女兒，能夠從自己的角色裡痊癒並且自由。本書的作者金善英諮商師的目的也是如此，她用「成為壞女兒的練習」來幫助女人從有害的母女關係中健康起來。

我還記得當初上節目談《愛媽媽，為什麼這麼難？》時，很多主持人都會從書名開始問起，大家實在太好奇，怎麼可以把這麼離經叛道的內心陰暗感受搬上檯面？這是可以談的嗎？我一次又一次地說明，這些在家庭親密關係裡不能言說的感受，應該被聆聽、被療癒，甚至足以寫成一本書，或未來更多本書。

我可以想像，當《討厭媽媽的我，是不是個壞女兒？》呈現在台灣讀者的面前，討厭跟壞這些負面字眼，會帶來怎樣的衝擊或是誤解。一本好書不應該被耽誤，所以我想貢獻自己的一點心力，從心理師的角度，幫助讀者更好地理解並使用這本書。

健康的家庭關係會致力讓每個成員都能有符合自己年齡的身心發展，這在創傷且病態的母女關係裡則不然，因為母親沒能從自己的創傷走出來，對生病狀態的母親來說，想健康長大的女兒，成了母女關係裡的「壞女兒」，而作者寫的「壞女兒的練習」，是在教女兒們怎麼離開受損的母女關係，完成自己的身心獨立的練習。

身心獨立有很多種定義，在此引用 Hoffman 對「分離個體化歷程」的觀點，他認為青年前期的心理分離，包括以下的四個重點：功能獨立、態度獨立、情感獨立、衝突獨立。金善英諮商師所提的壞女兒練習，和這四種層面的獨立有許多重合之處。

有時我和受困於母女關係的個案準備了好久，她終於等到搬出家的契機，但是一個人住的時候，她卻讓自己過得不好，讓母親有機會拉她回去，也讓自己失去獨立的動機，其實她早就不用依賴母親，具備自己獨自處理事務的能力了，但卻沒能維持自己的功能獨立，對此，金善英諮商師教女兒們想一想「為了自覺地與媽媽保持距離，打算怎麼做呢？」，女兒們可能會說「為了不再在意媽媽，我打算做運動／我決定去外地工作／我要專心考試」，要不斷練習專注於自己的人生。

不管物理距離多遠，如何不再用母親的眼光看自己是另一重考驗，態度獨立指的就是能夠有與父母不同的價值觀、信念、思想。要培養屬於自己的觀點，就需要用第三者的角度跳出來和自我對話，金善英諮商師請女兒們「站在第三者的角度觀察自己跟媽媽的關係」，然後想一想「妳以後想跟媽媽建立怎樣的關係？」不是母親要的關係，而是妳想要的關係！只要妳願意想，就會愈來愈往自己邁進。

我想最難的一關，就是不管我們是幾歲的人，永遠都渴望來自父母的肯定與支持，當我們不那麼需要父母的讚許或親密，情緒支持不完全來自他們時，才擁有真正的情感獨立。

金善英諮商師請女兒們練習「和年幼的自己共鳴」、「請長大的我理解童年的我的心情」，這些都是照顧自己內在小孩的練習。她還提到「如果妳對突如其來的獨立決定感到憂慮，那就好好地同理自己的心吧，替自己的獨立加油吧！」成為自己的道路是艱難辛苦的，難免會焦慮和憂鬱，請妳不要立刻走回跟母親連結的道路，先好好地擁抱自己，為自己打氣吧！當妳真正獨立的那一天，即使與母親靠近，也不會輕易失去自己了！

當妳能完成前面每一階段的獨立過程，衝突獨立對妳來說就會相對容易，妳能維持和父母不同的意見或做法，維持在衝突狀態下的自我穩定，因為妳能夠區分自己和父母的情緒，免於因為父母而內疚、自責、焦慮、壓抑、埋怨以及憤怒。

金善英諮商師提到只有當女兒面對母親時的負面情緒大幅降低之後，女兒才能自在地對媽媽說更多真心話！像是「對媽媽說出自己的心聲」、「指出媽媽的態度」、「讓媽媽知道不該指責我」等，當妳的心境達到多重的獨立，這些應對就不是意氣之爭，當妳清楚自己想表達的是什麼，溝通就不會流於情緒化的爭吵。

當妳的自我更清晰且夠強大時，更多的溝通不會惡化關係，反而能澄清誤解；當妳不斷練習當個母女關係裡的「壞女兒」，同時成為一個愈來愈健康、愈來愈懂得怎麼讓自己幸福的人，此時妳要對自己說「我真的很不錯，我是個好女兒，我也會是個好母親，我愛我自己，我也會好好地愛每一個角色的我」。

作者序

雖然沒有媽媽活不下去，我卻無法跟媽媽一起生活

長不大的孩子 vs. 一輩子不放手的父母

對女兒來說，媽媽是最親密的人，母女關係存在著父子關係所沒有的某種依戀，但有時因為太過親密，時不時會發生衝突。每個女兒都會有這種感覺——年紀越大，越容易想起媽媽，還有媽媽是這世上最討厭的人……對女兒來說，媽媽永遠是又愛又恨的存在。

我聽過某位面臨離婚危機的女性這麼說：

「我一提起娘家，老公就生氣，處處持反對立場，我要怎麼跟那種男人生活？」

我很好奇他們大部分時候會在什麼情況下吵架，於是請她描述日常生活，但越聽越妙，因為她每句話裡都有「媽媽」。

「媽媽說『妳老公得減肥』，所以……」

「媽媽寄給我她推薦的健康食品……」

「媽媽說『你們明年是不是得買房子』……」

乍看之下，她的家庭發生婆媳問題，不，是岳婿問題（岳母與女婿），但其實與婆媳或岳婿的問題本質不同。問題根源在於這位女性的情緒沒從媽媽那裡獨立，儘管她已經是結婚成家的成年人，卻仍覺得自己是媽媽膝下的孩子。不意外地，她老公也是這麼說：

「我家大大小小的事都有岳母插手，我搞不清楚我是和太太生活，還是和岳母生活。」

人生中很多問題源自情緒獨立。情緒獨立指的是父母子女互相認同對方是成熟的人格，各自專注各自人生的狀態。簡而言之，母親和女兒都是有完整人格的成人。話雖如此，自己能賺錢，經濟獨立，或不與父母同住，但情緒上仍然依賴父母的，這種現象在現實中並不少見。

當情緒無法獨立時，父母子女就會過度相互依賴，如上述事例一樣，有子女的成年子女卻仍事事依賴父母，或是反過來，父母單方面不放手子女，不願意讓子女離開自己的懷抱。假如是後者的情況，子女的人生唯一目標將會是擺脫父母的陰影。

三個媽一個爸

更可怕的是傷口的承襲。沒得到父母健康的愛的孩子，日後很容易對自己的孩子重複上一代的錯誤行為。我就是這樣。我有多位母親——親生母親在我三歲的時候與我父親離婚，父親沒多久就再婚，我多了個繼母，而再婚的父親不斷地出軌，繼母把負面情緒轉而宣洩在我身上。每次我被打的時候，家裡總是雞飛狗跳，有時繼母會當街追打我，我的身上總是青一塊、紫一塊，渾身是傷不說，頭上也老是腫一塊包。

儘管如此，我父親對家庭漠不關心，並不知道我被虐待，只是偶爾重複說這種話：

「我沒有妳活不下去，妳長大以後不能去找妳親生媽媽，要是妳去找她，我就死給妳看。」

父親口口聲聲說他需要我，我以為那些話是父愛的證明。是因為這樣嗎？在我成長的過程中，當有人說需要我的時候，我就會出現過度的反應。

在不健康的愛下成長的我逐漸死去，首先我沒飯吃，就算我哪天幸運吃到好吃的飯菜，在父親上班後，繼母就會罵我：「那些是給妳爸吃的，妳吃什麼吃？」一個年僅七歲的孩子卻吃不飽，營養失調、心臟病、骨髓炎、肺病陸續地找上我日益瘦弱、虛弱的身體。在別人過正常小學生活時，我卻住院了好幾年。

不僅是身體，我的心靈也變得脆弱。我國中時很沒存在感，成日無精打采，適應不了校園生活。同時，父親外遇不斷，繼母看我不順眼，把我趕出家門。在那之後，我又迎來了第二個繼母。不過，父親的三婚生活一樣短命，在第二個繼母離家出走後，我被寄養在首爾的姑姑家。

這對我反而是件好事。姑姑是個富有憐憫心的成熟大人，我從她身上得到過去不曾得到的愛。在堂姐與堂哥的陪伴下，我過著開心的日子，我第一次信教了，那時神好像在對我說：

「妳撐下來了，這段時間辛苦了。很難熬吧？」

我在教會接受團體諮商，終於不再畏縮後退，勇於在他人面前坦白我難堪的過去。

長大後也無法擺脫的傷痛

如果故事就像每個童話結局，劃下「過著永遠幸福快樂的日子」的句點該有多好？但意外的關卡出現了。我遇到一個好男人，結婚成家，還生了一對漂亮的兒女。孩子是上天賜給我的祝福。

我特別溺愛女兒，想把小時候渴望獲得的愛全都傾注在她身上。我每天盯著女兒，讓她能準時上學、幫她準備功課和上學物品、會看當天的天氣替她搭配合適的衣服……我認為這些都是為人母的責任。有一次，女兒沒帶雨傘，淋雨放學回家，我一看到她的模樣就哭了出來。

過猶不及，我向女兒傾注自己兒時沒能得到的關心與愛，女兒不知不覺地被我養成少了媽媽就什麼都做不了的人。她缺乏自信，「媽媽幫我做」與「我做不到」變成了她的口頭禪。因為是家裡的掌上明珠，所以她缺乏主見和社會性，從幼稚園和小學畢業時，都沒交到好朋友。那時候我才醒悟，我把小時候的痛苦投射到她身上，造成過度的保護。

從那時起，我訓練自己把女兒視為一個獨立的人格，不斷地提醒自己：

「我的女兒和我在不同的環境長大，她有溫柔的媽媽和可靠的爸爸。我的女兒不是我，我的女兒不是我……」我練習放手，以及把重心放回自己身上，面對沉睡在體內的小時候的我。

我也能享受平凡的幸福嗎？

人們之所以不願意掏出或暴露內心的傷痛，是因為一回想就會疼痛。傷口不會隨著時間的流逝而自動消失，不小心觸碰到就會疼，會加深，也可能會導致其他問題。可是，無論多痛，我們都必須擠出並治療精神創傷造成的膿液，這樣才能長出新肉，放下傷痛。

我經歷過許多創傷治療，旅程雖漫長，但我獲得自由，得以擺脫過往，著眼當下，夢想明天。更重要的是，我了解了自己，也學會怎麼愛自己，母女關係也導回了正軌。現在女兒已經成為比任何人都更主動並獨立的二十多歲大女孩。

這本書是寫給成長過程中沒能享受母親健康的母愛的女兒。這些女兒是包裹成人外衣，卻仍擁抱著傷痛的孩子。我觀察了她們的母親——影響她們人生最大的人物，與她們母女之間的問題，並追蹤這些問題如何體現在她們的生活中。我想大家讀完第一章的故事，了解她們的人生，應該會產生「這說的好像是我的故事」的微妙感觸。

然而，光靠共鳴並無法解決問題。在第二章裡，我盡我所能提供解決對策。我知道市面上有很多談論親子關係的書，但它們大多只分析原因，很少會告訴讀者該如何處理問題。再說，「媽媽的養育方式很重要」這類的建議，無助於已經是成人的我們。我們無法期待父母會按我們的意願改變。

本書承認了現實有其侷限，專注在我們所能實踐的小小嘗試與改變。治療方式因人而異，而且或許需要一些時間方能奏效，但我相信，只要努力絕對能克服。我向每一位讀者獻上真心的支持，希望你們都能拋開過往，大步前行。因為我們都已經長大成人，已經是能靠自己的力量變得幸福的年紀。

等待著春天的二〇二一年冬天

金善英

CONTENTS

第一章 為什麼偏偏當了媽媽的女兒？

第二章 我決定當壞女兒

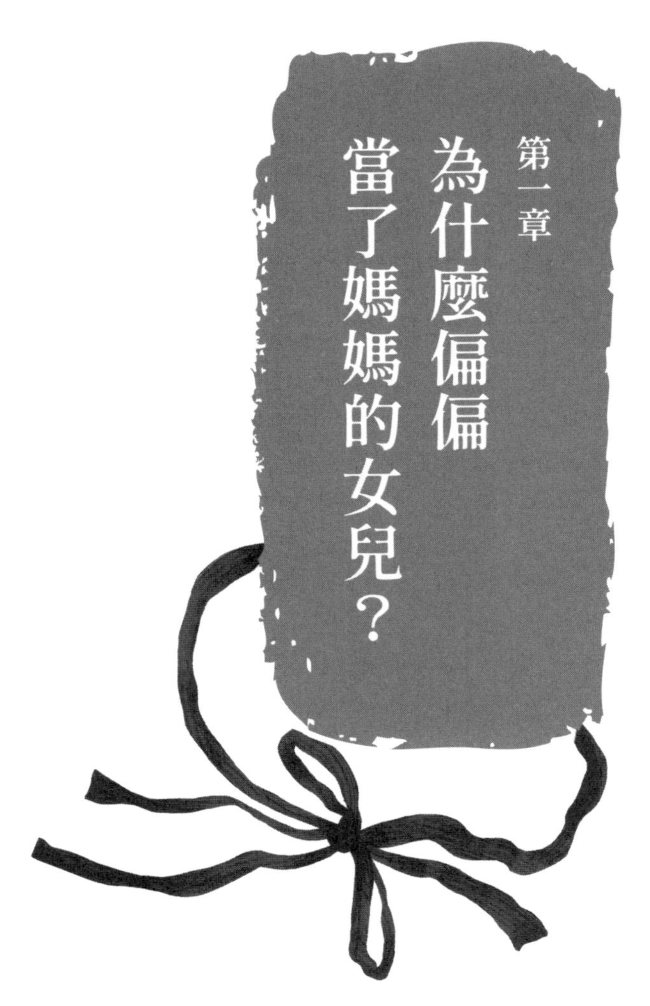

第一章 為什麼偏偏當了媽媽的女兒？

我是幾分的女兒？不是媽媽，是老師

冷靜評價孩子的母親

會冷靜評價孩子的母親，因為投入在教育與控制孩子的過程中，遺忘了母親的本質，在下意識裡常把自己當成老師。她們很可能不知道自己嚴格的態度會對孩子產生什麼影響，有時候甚至會希望子女能替代自己，實現過去未竟的夢想，並用子女的成果滿足自己。她們的口頭禪是：

「我這麼做都是為你好。」

這一類的母親是高標媽媽，普通的好，她們看不上眼，而子女本能會渴望獲得父母的愛，在這種情況下，孩子為了獲得名為「認可」的愛，會努力表現優秀面貌，因為只有這樣，媽媽才會滿足。孩子為了變成符合母親要求的人，會逐漸變得敏感、執著，認為「我一定得完美才行」。

但不是每個人都能當第一名，人總是有摔倒、碰撞和挫折的時候，如果是平凡的母女關係，女兒會希望媽媽安慰自己，會撒嬌說：「媽媽，我摔倒了，好痛。」不過，有著像老師一樣的母親的女兒，不會這麼做，反而會掩飾失敗。因為一旦她們被媽媽發現失敗，媽媽一定會作出批判。

媽媽不站在我這邊

這一類的母親即使面對本不該由女兒負責的事上，也抱持著同樣的態度。慧真在高中時期曾被性騷擾，她在K書中心讀書到深夜，凌晨回家的夜路上遇見醉漢，幸好在事情變得更糟糕前，慧真逃跑了。驚魂未定的慧真沒把這件事告訴爸媽，因為她知道媽媽一定會唸叨她。像幻聽一樣，媽媽的聲音在慧真腦海裡響起。

「妳應該早點打給我。」

「妳在外面到底幹了什麼好事，竟然被醉漢盯上？」

「我有沒有說過不要穿那麼短的裙子！」

比起讓家裡知道醉漢驚魂事件，慧真更害怕媽媽的反應。為什麼會這樣？到底原因是什麼？這是由於媽媽在慧真的成長過程中，總是像老師一樣教導與評價慧真。慧真看媽媽的臉色長大，日常生活就像考試，而且是答錯一次就無從挽回的考試。結果，慧真選擇當作沒發生過一樣，隱瞞令她難堪的跟蹤事件。

長大後的慧真會過什麼樣的生活呢？慧真現在已經是三十多歲的職業女性，但她和小時候一樣，一站在媽媽面前就習慣變得唯唯諾諾。有一年中秋節前，慧真發現丈夫把積蓄拿去買股票，夫妻大吵一架，慧真哭了好幾天。但她對媽媽絕口不提，甚至覺得見到媽媽會很難瞞過去，中秋節當天索性藉口公司加班，不回娘家。

這不是單一事件。有時候，慧真會希望有人能讓她依賴，給她安慰，比方說：升職考落榜，和好友不合，或像這次一樣，老公讓自己操心時。其他人遇到這些情況好像都會投入「媽媽的懷抱」討拍，但對慧真來說，她沒有能安慰自己的媽媽，這使她感受到「這世上沒有人永遠站在我這邊」的孤獨與傷心。

沒達到媽媽的期望就是不合格嗎？

有些孩子對媽媽說謊成性，雖然說謊的理由千百種，但大部分是擔心表達出真實的自我，媽媽會無法理解，寧可選擇扯謊或隱藏真實情緒。孩子長大以後，依然會保有這種習慣，有些女兒長大成人後，還是會在媽媽面前撒小謊，或掩飾不好的事。

媽媽越是「了不起」，這種現象就越明顯。自力更生的媽媽會下意識地督促孩子變成更好的人，希望孩子能自行克服逆境，滿足她的高標。比起母親，她們更像老師，不，更像兇巴巴的動物飼養員。媽媽用無止盡的嘮叨轟炸，向孩子給出正確答案，孩子因為害怕媽媽的叨唸，會乖乖跟著做，有時有可能是假裝跟著做。最終，孩子會忘記自己真正想要的是什麼。

媽媽凡事耳提面命，想盡可能傳達正確資訊給孩子，幫助下一代實現成功。在這樣的媽媽身邊，孩子逐漸失去意志，不想經歷錯誤與修正錯誤。他們小心翼翼，恐懼沒走過的路，一旦事情超出必須範圍，他們就會警戒，稍有失誤就會自責。試想，我們去學校上課回來，家裡卻還有另一個老師，孩子有可能安心地鑽入虎媽的懷抱嗎？

媽媽朋友的女兒都很優秀

更別說，成功的媽媽身邊的朋友也都很成功。那些媽媽的朋友會這麼說：

「我家小孩要去留學，她打算畢業後回國繼承家業，妳女兒不是也很聰明嗎？那妳還發什麼愁。」

媽媽開始拿女兒和所有優秀的人比較，但不知怎麼回事，女兒好像靠不住，成績好像也差強人意，以後踏入職場，真的能拿出像樣的公司名片嗎？媽媽不安、焦慮，於是發脾氣鞭策女兒：

「妳為什麼比不上別人家女兒？」

媽媽認為自己替女兒提供了衣食無虞的環境和經濟後盾，但為什麼結果不如預期？媽媽無意之間把女兒逼入絕境。

「我花錢供妳上補習班、上家教，為什麼妳只考出這種成績？我小時候根本沒上過補習班。」

「妳現在這間公司能見人嗎？妳有腦還是沒腦？」

越是如此，女兒越想獲得父母的愛與認可，越無法滿足於現狀，越努力想達到理想狀態，事實與現實的相悖感隨之擴大。即使女兒聽媽媽的話獲得好的成果，女兒也會感到疲憊。

「看吧，我早就叫妳那樣做了吧？」

辛苦的是我，功勞卻被媽媽占為己有。

一輩子都無法逃脫的監獄

如果我們在小象的腳踝綁上繩索，再把繩索一端繫在木樁上，就算小象大到有力氣拔掉木樁，牠也絕對無法掙脫束縛，那是因為小象產生了無力感。人也是如此。英子就是一例。五十五歲的英子到現在還很怕年邁的媽媽，她常因為滿足不了媽媽的要求被罵。英子的手足也一樣。

英子的兄弟姐妹不聽媽媽的話，裝傻矇混，結果被媽媽痛打，見此情狀的英子更不敢反抗媽媽，事事順從母意，以求自保。也許是因為這樣，英子說：「我現在五十多歲，但一面對媽媽還是很緊張，全身緊繃。我怕她生氣，每個月會給孝親費，每個禮拜也會去市場買菜，做好小菜放進媽媽的冰箱。媽媽覺得這些是天經地義的，還常常會追加其他要求。」

「為什麼只買這麼一點肉？」

「沒買水果嗎？」

英子的手足對媽媽避之唯恐不及，極力疏遠她，因此英子成了媽媽唯一的出氣筒。英子把媽媽罵兄弟姐妹的話，全數聽進耳裡，一言不發地聽著媽媽抱怨「那些賤女人會遭天譴」、「那些混帳根本是人渣」。

英子人生中從沒擺脫過媽媽的控制和管束，她因此感到渾身疼痛、肚子痛、肌肉痛，甚至得了憂鬱症和倦怠，更嚴重時會失眠。

「我想離開媽媽了，這樣做沒關係嗎？」

英子習慣被綁在木樁上，覺得和媽媽保持距離是大逆不道。

「就算媽媽再不是，我怎麼能拋棄媽媽？」

實心眼的英子認為她能受得了媽媽的個性。

在母女關係中受傷的女兒會抱持「總有一天會擺脫的」想法，一直忍耐。但是，就算她們長大成人，就業，賺錢，甚至住在離家遙遠的地方，母親的嚴厲言語還是能刺痛她們的心。就算女兒有心把母親的電話號碼列入黑名單，但如果她沒作好和全家人斷絕往來的心理準備，她就做不到這件事。而且女兒必須知道另一個重要的事實，那就是，即使永遠不見媽媽，內心的傷口也不會因此痊癒。她們只是習慣隱忍傷痛。

「媽媽會做，妳不用動」

過度保護造就的依賴性

強迫性保護女兒

在女兒還小，連抬頭都很勉強的時候，媽媽是女兒的全世界。媽媽一消失，女兒就會用不安的視線尋找她，媽媽也會把這樣的女兒視為自己的一部分，保護與呵護。但當女兒要走向外面的世界時，有些媽媽仍舊把女兒視為藏身自己袋子裡的小袋鼠一樣，在意並守護女兒的一舉一動。

直升機媽媽可能有著娘家長輩疏於照顧的遺憾或埋怨的兒時記憶，因此她們向女兒灌注無盡的愛，希望自己的女兒能得到過去自己沒得到的愛。她們把女兒和自己劃上等號，不允許女兒走出自己的保護網，彷彿這樣做，就能拯救兒時的自己。

女兒會對全心全意照顧自己的媽媽，給予相應的回應，時時刻刻留下媽媽能干涉的空間。因為媽媽愛我，因為媽媽什麼都會幫我做，所以我只要等媽媽來解決就好了。女兒習慣性依賴媽媽，雞毛蒜皮的小事也會徵詢媽媽意見，看媽媽的態度。就算女兒長大到該自己下決定的時候，媽媽依然占據著她人生中心地位，不僅僅是女兒人生的一部分而已。同樣地，媽媽也緊抓女兒不放。家人之間種下的不是健康關係的根，而是像沒有盡頭、互相纏繞的藤蔓般，會讓彼此陷入束縛與執著的沼澤。

嫉妒男朋友的媽媽

夏恩與媽媽是彼此的全世界。打從夏恩有印象以來，媽媽就把她捧在手心上呵護。然而，呵護過了頭，使得夏恩和媽媽一起玩的時間比跟其他孩子玩的時間更多。夏恩本來以為大家都是這樣的，媽媽總是用「全世界最愛妳的人就是媽媽」的話，情緒綁架夏恩。可是，夏恩有時也想擺脫母親，去交朋友，卻苦無辦法。

當夏恩交第一個男朋友時，表現出前所未有的開心與幸福，但媽媽卻掩不住傷心。

「他的個性好像有點奇怪，妳絕對不能相信他。」

夏恩聽了媽媽的話，問男友：

「我不能相信你嗎？」

男友當然搖頭，不開心回道：

「妳不相信我，還跟我交往？」

那天夏恩差點和男友吵架，回家後對媽媽發牢騷：

「媽媽，都是妳，妳破壞了今天的氣氛。」

聽完來龍去脈的媽媽仍舊叫夏恩要小心：

「那是因為他想勾引妳，哪有壞人會說『我是壞人』？妳太天真了，該拿妳怎麼辦啊……」

後來，夏恩踏入職場，想讓媽媽看見自己在公司站穩腳跟的職場人模樣。可是，新鮮人踏入職場，很多工作都還沒上手，工作不如夏恩想得順利，最後上司施加壓力，想讓夏恩自請辭職。當時男友挺身而出，控告公司，公司被罰款結案。如果夏恩願意的話，她也可以留在公司繼續上班，但考慮到雙方信任破裂，夏恩拿著資遣費離開了公司。經過那次的難關，夏恩更加相信男友，兩人的關係變得更親密，也順利地步入禮堂。對夏恩來說，未來幸福可期。

「聽媽媽的話很輕鬆」

媽媽一開始反對夏恩結婚，但夏恩有生以來第一次違抗母意，堅持結婚。儘管夏恩把行李從娘家搬到新房，準備開始新的人生。但是，她的心沒跟行李一起搬走。

「岳母為什麼每週末都叫妳回家？」

丈夫忍不住問。雖然每個禮拜回家對夏恩來說再正常不過，但對想享受兩人世界的丈夫來說，是一連串荒謬事件的開端。舉例來說，旅行時，夫妻倆一、兩次帶媽媽同行，是孝順，但夏恩夫妻倆每次出去玩幾乎都帶了媽媽，夏恩還會一有空就對丈夫說：「我們一起回娘家吧。」丈夫逐漸厭煩，夫妻關係漸漸冷淡。

夏恩並不是特例。有直升機父母的孩子在長大成人後會展現出過度依賴性。小時候，父母是法定監護人時，看不出這些孩子的問題。不過通常他們婚後就會開始出現矛盾。因為配偶往往希望「妳能成為我們這個家的一份子」，而不是和過去一樣，仍然是娘家的一份子，而這是合理要求。

但是像夏恩一樣，人生中每個決定都在他人的建議或幫助下進行的人，忽然成為獨立的成年人，會造成她們的困擾。不管用什麼方式，如果沒有監護人，也就是媽媽的介入，她們就會害怕與不安，沒自信作出正確的決定。媽媽是她們唯一信任和依靠的人，可是不知不覺間，她們無法擺脫媽媽的影子。起先，女兒感覺媽媽的懷抱是如此溫暖與安心，後來逐漸察覺自己的夫妻關係與人際關係等，都因為媽媽而動搖。

如果女兒有心自立，就會思索是否該改變現狀，但當女兒真要自立時，又會覺得好像拋棄了媽媽，感到愧疚。

「妳怎麼可以這樣對我？」

有時媽媽會用這種話動搖女兒的心。夏恩也是如此，她想擺脫把自己放在重心的媽媽，但她連「媽媽，妳有妳的人生」這種最平常的話都說不出口。因為她比誰都清楚，自己是媽媽的全世界。夏恩的外表雖然是大人，心底卻有個恐懼顫抖的孩子。那個孩子對沒走過的路會本能地感到恐懼，動彈不得，處在拒絕成長的狀態。「我沒有媽媽也能好好生活嗎？」就這樣把獨立自主的心態和成年人應盡的角色，轉嫁到媽媽身上。

夏恩能察覺獨立的重要性還算好，如果夏恩完全不理解丈夫為什麼不喜歡媽媽，就更糟了。因為夫妻關係鬧僵，她卻不知道該怎麼辦，搞不好會覺得不高興，覺得要是丈夫不要這麼頑固，不要一直說奇怪的話，按媽媽的意思做，大家都會很輕鬆。

如果妳正處在這種情況，請深入了解自己的內心。我想要的是什麼？解決問題的鑰匙就在我手上，我明知自己該改變卻閃躲著？我這輩子都在避免麻煩、隨波逐流，事情對錯的標準全看媽媽，沒有任何事需要我下決定。妳的餘生也要用這種方式度過嗎？

成長必經之事

母鳥看到要振翅飛翔的雛鳥，心情是如何呢？牠會不安、擔心，怕雛鳥拍打翅膀出了差錯，摔落。問題是，雛鳥不可能一輩子窩在鳥巢，等母鳥餵食。在一段健康的母女關係中，媽媽要發揮的作用是：讓雛鳥相信牠們能靠自己的力量飛翔。

雛鳥在鳥巢裡待得太久，會覺得自己既沒用又懦弱。媽媽一開始也是因為愛女兒才這麼做，擔心女兒，認為「女兒不能沒有我的幫忙」，卻無意間造成女兒的翅膀退化。結果，女兒經歷難關與挫折後也沒學會怎麼站起來。

讓我們回頭看看夏恩的故事吧。夏恩有個三歲的孩子，我問她「妳希望帶給孩子什麼樣的生活？」她回道：

「我想給孩子自由。我希望孩子能做他想做的事，抬頭挺胸，有自信地長大。」

其實，這不就是夏恩希望自己能有的樣子嗎？一個一開始做得不好，但會努力挑戰獨立自主的人。夏恩想告訴孩子的話，其實是想告訴自己的話。

在母女能保持適當的距離，自由表達意見時，才會形成健康的母女關係。孩子會用「我不要」表達自己的意見，媽媽也會用「不可以」教導孩子什麼事該做、什麼事不該做。然而，母女意見對立不代表媽媽的母愛會有所不同。

當媽媽的媽媽度過的時間
一輩子照顧父母

不像媽媽的媽媽，不像孩子的孩子

每個成年子女看見進入老年期後，一天天變老的父母，心情大多相差無幾。原來小時候覺得很高大，有時很可怕的媽媽，不過也是個平凡人。在歲月的流逝中，有不覺間變得像孩子的媽媽，也有過去和現在都像孩子的媽媽。有些媽媽沒能盡到為人父母的責任，在孩子的成長期陷入憂鬱和無精打采，依賴酒精度日，大部分時間只專注在自身傷痛上，沒餘力照顧子女。

擁有不像媽媽的媽媽的孩子會變得怎麼樣呢？這一類的孩子會變得不像孩子。在孩子應該得到媽媽的愛和關懷的年紀，他們卻反過來同情媽媽，照顧柔弱的媽媽。責任感使得這一類的孩子變成了「親職化兒童」。乍看之下，這些孩子的精神年齡較同年齡層孩子成熟。可是，孩子始終是孩子，親職化兒童只是被迫穿上了不合身的衣服，快速長大，沒享受到當孩子樂趣的可憐孩子。

當小大人的時間

三十多歲的美真有個交往兩年多的男友，她正在煩惱婚事。美真媽媽三十年來都處於憂鬱和倦怠狀態。父母在美真小時候離異，美真童年的回憶裡都是喝醉的媽媽怨嘆人生的模樣。在她的成長過程中，她一直扮演安慰與照顧母親的角色，儘管她有一個哥哥，但哥哥婚後就徹底與她們斷絕聯絡。

「我的婚後生活會幸福嗎？」

自從美真遇見真心喜歡自己的男人後，她開始煩惱這件事。實際上，因為父親多次出軌，使得美真不相信愛情。美真媽媽也否定她的男友，說：「全天下的男人時時刻刻都準備外遇，妳爸一開始也說會照顧我，後來還不是拋棄我。」媽媽影響了美真，美真也不自覺地懷疑男友，對婚姻產生疑慮。

母親試圖自殺是她陷入混亂的關鍵點。自從美真交了男友後，母親就說自己的女兒和以前不一樣了，好幾天都說不到話，陷入被女兒拋棄的不安感，甚至發送了威脅訊息：

「沒有我，妳就能變得幸福。對不起。」

美真被媽媽嚇到，衝回家，看見吞藥的媽媽倒在地上，急忙把媽媽送去急診，幸好媽媽沒事，但她還是自責地請求媽媽原諒。為了讓媽媽放心，美真不得已承諾會跟男友提分手。

美真的煩惱變質成奇怪的二選一問題——和男友結婚等於拋棄媽媽，而留在媽媽身邊，等於沒有男友的立足之地。美真從小就是個小大人，沒依賴過別人，給予美真無條件的愛的男友是她最大的安慰。問題是，她無法拋棄媽媽。

聽完這個故事，你作何感想呢？仔細想想，美真的煩惱裡沒有自己。媽媽和男友都是帶給她幸福的人，但她卻沒考慮自己的心情。因為她從小就被迫承擔父母的責任，總是以體弱多病的母親為生活重心，從沒考慮過自己。曾是親職化兒童的女兒，就算是現在，她們也需要時間，讓自己當一個能盡情哭泣的孩子。

「媽媽需要有人依靠」

在家暴父親底下長大的智英，常聽媽媽這麼說：

「我忍，都是因為妳。」

「我是替妳挨打。」

家庭氣氛鬱悶又窒息，智英像逃跑一樣，二十三歲就結了婚。而她擔心媽媽和爸爸獨處，想辦法說服媽媽向法院訴請離婚。之後，媽媽用離婚贍養費買了間小房子，智英問她：

「離開爸爸，很開心吧？現在起好好生活吧。」

但不知道為什麼，智英的媽媽看起來一點都不開心。智英帶不安的媽媽接受精神科諮詢，發現長期的家暴環境讓媽媽身心受創，無法輕易擺脫依賴人的心理和慢性不安，一個人總是睡不好。智英礙於愛挑剌的婆家人，不敢讓丈夫知道爸爸的家暴行為，還有父母離異的事，找了各種藉口，住在媽媽家幾天。

有像智英媽媽一樣的女兒會這麼說：

「我的朋友結婚時，她們的媽媽都出了不少力，我不奢求媽媽能替我做什麼，只希望妳能好好過自己的生活。」

結婚生子，建立「我的家庭」會花掉女兒很多能量，光是照顧小孩和婆家和娘家的紅白喜事就夠忙了，像智英一樣，還得照顧無法獨立的媽媽，會太吃力，弄不好會後悔自己讓還沒作好獨立準備的媽媽離婚。

這不是靠錢就能解決的問題

這一類的女兒不是沒考慮過媽媽離婚後獨立生活的事，是因為媽媽一直是個全職主婦，身上沒有積蓄，她們從很久以前就意識到自己要負責媽媽的老後生活。她們不過是失算，只是沒預料到媽媽會如此依賴自己。她們說：

「我開始賺錢後，每個月給媽媽孝親費一萬八千元，這個月因為店裡生意不好，我也很難熬，問媽媽能不能減少到一萬三千元，她卻說『那我怎麼過日子？』我本來希望媽媽會說：『好，我會想辦法，也許去打聽一些兼差。』」

「媽媽的交友圈好像只有我，我要她去交朋友，她說不喜歡，說自己不擅長交際。可是，每次她無聊的時候，就會跟我嘮叨生活瑣事。」

「我有一次和媽媽起了爭執，媽媽說：『妳爸老了，火爆的個性收斂很多，都怪妳害我離婚。』難道我應該假裝不知道，任由媽媽被打死嗎？是我害她的人生走上錯誤的道路嗎？」

事情演變到這種地步，再孝順的女兒也只能一籌莫展，媽媽變成女兒沉重的負擔。媽媽是典型的「偽大人」，無法理解女兒的人生，父母親與子女的角色顛倒，女兒被迫當「小大人」。雖然身邊的人誇獎女兒很早熟又有責任感，但女兒每次都扛起沉重的負擔，鼓起勇氣，犧牲自己，幫助他人。女兒因為沒學會怎麼培養自己的夢想和喜悅，產生扭曲的認知，以為照顧和犧牲奉獻就是幸福。還有，當身邊的人認為「大女兒是媽媽的靠山」時，女兒就會把為娘家犧牲視為理所當然，自己的幸福反而逐漸被「真善良」、「好乖」、「很賢淑」等的讚美所麻痺。

「我們家條件差，是誰送妳去留學的？」覺得媽媽為我犧牲很有壓力的時候

單方面付出的關係

某一天，一位三十多歲的女性向我傾訴，媽媽做了讓她不高興的事。幾天前，媽媽去百貨公司買了要價不菲的羽絨衣送給她，她卻高興不起來。

「媽，我哪有要妳買衣服給我？我衣服很多……」

「妳沒有這麼厚的。」

「這超貴的好嗎？妳哪根筋有問題？」

「我有錢。」

「那妳就買妳自己的！」

媽媽平常就連炸醬麵都捨不得點，天天吃泡菜，心情好的時候也頂多買半斤豬肉小慶祝一下，連衣服都舊到她自己開玩笑說「送給街頭乞丐，乞丐都不要」。

媽媽小學畢業後就出去找工作，小時候在服飾店打雜，解決食宿問題；長大以後不收老闆的微薄薪水，當成向老闆學習縫紉技術的學費；後來遇見做洗衣工作的爸爸結婚，一起省吃儉用養大兩個女兒。

媽媽在十幾年前如願以償開了裁縫店，靠著實力累積不少死忠顧客，有了穩定收入。但媽媽省成習慣，寧可走一小時也捨不得花錢搭公車，身體不舒服也不去醫院。兩個女兒勸她「享清福吧，跟爸一起出國旅行」，聽見這種話的媽媽卻一臉為難，彷彿天生注定勞碌命。

媽媽只捨得花錢在女兒身上，給女兒買好吃的食物、買好看的衣服從不手軟，即使女兒結婚成家，媽媽也一如既往。某一天，二女兒回娘家時，媽媽準備了蟹醬和黃花魚等昂貴的食物。

「媽，妳怎麼準備這麼多菜？」

「哪有多，快吃，要冷掉了。」

「不要光夾給我吃，妳也吃。」

「我很晚才吃午餐，現在還很飽。」

那天媽媽只吃了幾塊醃蘿蔔配飯，女兒吃著山珍海味，過意不去，想起媽媽總是吃醃製小菜或辣椒配飯。那天，母女倆莫名地吵架了，「媽，拜託妳自己也吃好嗎？」「妳回來之前我已經吃了，妳幹嘛這樣？」

當了「壞丫頭」，心情沉重的女兒

父母覺得自己為子女付出，子女應該要很高興，但事實並非如此。隨著年紀的增長，子女也建立了對這個世界的認知，他們會明白家庭的經濟情況，還有父母是怎麼賺錢的。女兒當然會感激媽媽的犧牲，不過同時也會有壓力，覺得總有一天必須償還父母的恩情。單方面受惠，會讓女兒覺得自己變成了「壞丫頭」，心情沉重。

我曾在諮商室遇到某個家庭，媽媽坦言，教育費用昂貴，為了提供子女最好的學習環境，她去KTV上班。先生也知道，只是裝成不知道。我問了那位媽媽幾個問題：

「要是您的孩子以後知道了，他們會怎麼想？」

「他們會希望媽媽做出這種犧牲嗎？」

「您不考慮家庭經濟條件，非得承擔高昂的教育費，您的出發點真的是為了孩子嗎？會不會其實是您自己的慾望呢？」

我與她分享了幾個類似事例，告訴她孩子長大以後，想起母親會是怎樣的心情。她聽完後說：「我好像得改變想法才行。」

永遠長不大的公主

即便父母願意為子女犧牲一切，但如果女兒擁有最基本的獨立心態，一定會覺得「媽媽和我之間的關係有點怪」。不過，某些女兒會因為「媽媽單方面給予，我只要單方面接受就行了」，變得永遠長不大，成了「公主」。

在這種情況下，母女之間不會產生矛盾，但直到女兒長大要離開媽媽的呵護時，問題就會浮出水面。

不過數十年前的韓國，只有在富裕家庭長大的孩子才能讀書或有休閒愛好，普通家庭的父母只需要解決子女的溫飽問題就是盡到了父母的職責，子女只要不餓肚子就很感激父母。因此很多十幾歲的年輕人放棄自我實現的宏遠目標，年紀輕輕就出社會賺錢。我們這一代的母親都太早熟了。

媽媽付出青春，女兒不知不覺間變得和媽媽相像，媽媽看著女兒萌生「我不會讓我的孩子承受我受過的痛苦」，給女兒穿最好的、吃最好的，替女兒打點一切。媽媽希望女兒幸福的心態並不是壞事，但如果媽媽把自己未實現的夢想寄託在女兒身上，沒把女兒視為一個獨立人格體，有可能會阻礙女兒的成長。兒時早熟的媽媽有可能學不會放手，習慣把孩子留得很晚。

被這一類媽媽帶大的女兒，成長過程中很少自己作決定，一切都是媽媽打點好的，包括上哪間補習班、交什麼樣的朋友，生活大小事全都安排妥當。而女兒則會覺得媽媽犧牲自己，供我最好的吃、住、穿和教育，我得讓媽媽開心才行。

秀英是個因為母親感到壓力的女兒。秀英小一時上體育課昏倒，媽媽跑到學校，背著她去醫院，秀英直到現在還記得當時媽媽溫暖後背傳來的暖意。秀英生病時，媽媽就像她專屬的溫暖保護網。自從那次生病之後，秀英時不時會肚子痛、頭痛或頭暈，但醫院檢查不出病因，只說是壓力造成的。這樣的情況一直延續到秀英成年，每當秀英遇到困難或想逃避的事，身體就會最先感到疼痛。

雖然戀愛和結婚是秀英能離開媽媽身邊的一個獨立自主的機會，但因為秀英戀愛三個月就未婚懷孕，所以媽媽對婚後的秀英還是有很大的影響力。秀英的媽媽不滿意女婿，認為女婿沒能力照顧好秀英。但秀英的媽媽不能坐視女兒的人生陷入困境，便給了女婿店租和創業資金，而女婿為了報答岳母，每週末、休息日和平日都會陪秀英回娘家，假日帶岳母四處旅行，討好岳母。

這種事不是一、兩天，隨著時間流逝，秀英的先生越來越不滿，開始感到疲憊，說「岳母眼中只有女兒」，結果秀英的先生某天宣布：「我不要再這麼常去妳娘家了。」

秀英的心情是怎樣的呢？媽媽從自己結婚就對先生諸多不滿，比起體諒先生的苦衷，秀英覺得「也許是我不聽媽媽的話作出錯誤選擇，是我人生第一次不聽媽媽的話，硬要結婚，我當時果然應該聽媽媽的話才對」。秀英認為媽媽會干涉自己的夫妻關係，全出自「愛」。缺乏問題意識的秀英，夫妻關係逐漸變得疏離。

鋼琴、小提琴、大提琴，甚至留學

不僅如此，秀英還有另一個問題。秀英一輩子都是伸手牌，養成了錯誤的消費觀。秀英還是學生時就常去昂貴的餐廳吃飯，身上穿的都是百貨公司名牌服飾，同學之間謠傳秀英是個富家千金。還有，秀英和現在的先生談戀愛的時候，依舊如故，先生沒來得及了解秀英的金錢觀就和她結了婚。

有一天，事情爆發了。兩人的房租到期，打算搬家，各自詢問貸款額度時，丈夫才得知秀英的經濟狀況。秀英的生活費除了媽媽的零用錢外，還有銀行貸款，秀英被第一金融圈[1]設為拒絕往來戶後，轉向第二金融圈[2]貸款，第二金融圈也不和她往來後，她跑去借高利貸。為此，夫妻關係極度惡化，

1 譯註：指銀行。
2 譯註：指銀行以外的機構，保險或證券公司等等，利息較高。

兩年的短暫婚姻劃下句點。秀英恢復單身後，不但沒得到贍養費，身上還背了兩百多萬元的高利貸債務。

「媽媽從小就供我學鋼琴、小提琴、大提琴，還有各種補習班和短期海外留學。我過著衣食無虞、應有盡有的生活長大，我不知道自己的人生為什麼會變這樣。」

秀英表示自己一方面依賴媽媽，擔負著媽媽的期待，一方面又覺得活在媽媽的陰影下很鬱悶。媽媽不放心她，不願放手，秀英為了成為滿足媽媽期待的女兒，變成媽媽的提線木偶，一直看媽媽臉色，不按媽媽的意思做就會不安。來找我的秀英後悔說道：「媽媽阻止我結婚的時候，我就是不該結婚才對。」假如秀英能明確認知自己的夢想，從小練習自己爭取自己想要的東西，現在會怎麼樣呢？

每十分鐘就響起的煩人電話

超越愛的執著

像公司經紀人一樣的媽媽

所有的執著都有理由，媽媽對女兒的情感之所以處於固著狀態，多半是因為小時候自己和上一代之間的感情紐帶有了損傷，或者被上一代忽視、置之不理等童年情感缺乏健全互動，或者受到虐待。

「我的女兒是我的全部，我的幸福取決在女兒身上，我是全世界最愛她的人。」

媽媽的固著情感潛藏在父母子女之間的親密關係下，在小孩還小的時候並不明顯，直到隨著女兒長大，媽媽不允許女兒有自己的生活，認不清自己與女兒的界線，越來越常侵犯女兒的生活，還干涉二十歲大學生女兒的一舉一動。

「今天天氣很冷，穿這件衣服吧。」
（小學生都能自己搭配衣服了）
「這個週末我預約了皮膚科。」
（媽媽主導女兒的行程安排）

從旁觀者的立場看來，媽媽和女兒像在玩「角色養成遊戲」，媽媽會管女兒的體重，決定女兒的前途。媽媽像經紀公司，也像經紀人。

令人厭煩又無法斬斷的緣分

要是媽媽的婚姻不幸，或配偶過世，或者離異，媽媽對女兒的固著情感會更強烈。女兒曾是撫慰媽媽孤獨心靈的人，倘若女兒婚後離開自己，媽媽會想取代並扮演女兒配偶的角色，或是妨礙女兒的夫妻關係。

「媽媽愛妳，所以我們之間不能有秘密！」

女兒會壓抑情緒，在媽媽面前，凡事以媽媽的意見為中心，不表達想法。因為如果我表達我的想法的話，媽媽會絕望。

「我應該要對媽媽好，何必說那些話讓事情變得更糟呢？我忍耐一下就好了。」

女兒習慣性壓抑，變得沉默。這種母女關係不會因為時間過去，母女年紀都大了而有所改善。

呂琴今年四十歲，呂琴的媽媽六十五歲。呂琴過去四十年飽受媽媽折磨，直到現在也是。呂琴要是沒接到媽媽的電話，媽媽就會打五十通以上的奪命連環 call，打到她接為止。媽媽打電話的原因多半是因為沒米、沒菜，或要去醫院。媽媽喊著自己老了，但其實呂琴也被病痛所擾，常常肌肉痛、頭痛或消化不良。然而，只要呂琴稍有疏忽，媽媽就會不滿地抱怨：

「妳當人家女兒的，都不會替媽媽著想嗎？我活著有什麼用，我唯一的女兒也瞧不起我……」

呂琴有分別是小學五年級的女兒和小學三年級的兒子，正是要專心照顧家庭的時期，但她因為要照顧媽媽，因此沒有多餘心力放在家庭上。呂琴從小就覺得有個潑辣的媽媽很丟臉，所以沒告訴先生自己在媽媽那裡承受的壓力。打從呂琴的媽媽住院以後，呂琴照顧媽媽，無法分心照顧孩子，只能給他們零用錢，讓兩個孩子放學後自己去買漢堡吃，或乖乖地待在家裡。

呂琴的爸爸去世前住院時，媽媽曾吃醋，覺得呂琴太照顧爸爸了。在爸爸過世後，呂琴對媽媽的情緒長期積累，接受了精神科諮詢，短短一個月就瘦了十公斤。從小時候起，媽媽扭曲的母愛禁錮住呂琴的身體，也禁錮了她的心。

傾斜的重心

兩個孩子目睹呂琴的痛苦，怕媽媽更難過，不敢淘氣，也不敢表露出難過。呂琴想到兩個孩子流下了淚。

「孩子們很乖，但看起來狀態也不好。」

呂琴的兩個孩子在應該得到媽媽照顧的年齡，卻沒能得到媽媽情緒上的支持與共鳴。他們在媽媽面前雖然裝得若無其事，實際上卻被校園社交恐懼症和不安所折磨，情況和呂琴差不多。我問呂琴：

「要是兩個孩子和您將來過一樣的人生，您覺得怎麼樣呢？」

呂琴一直認為自己不像媽媽一樣，不會對孩子們施加壓力，也不會強迫他們做任何事，孩子們不可能受到傷害。但當她意識到自己和媽媽殊途同歸，一樣反覆地造成孩子們的不安情緒，給了下一代相同強度的痛苦和傷害時，她受到很大的打擊。

「我到底做了什麼？」

呂琴痛哭表示不想讓兩個孩子步上自己的後塵。她小時候充斥著「媽媽需要我，媽媽很辛苦」的想法，所以即使結婚生子，她也自然地接受媽媽的固著情感，不知不覺中把生活重心放到媽媽身上，而不是丈夫與孩子身上。

呂琴幫媽媽洗碗、洗衣服，看母親的臉色，而她的兩個孩子擔心媽媽因為外婆太痛苦，很怕媽媽會死掉，孩子們的不安和憂鬱症影響到學校生活。

矛盾的惡性循環與情緒上的虐待，一代一代傳承著。

男女之間的執著就像跟蹤狂

最近異性關係的跟蹤騷擾成為了社會焦點。過去社會不把跟蹤視為犯罪，認為是太愛對方才做出的行為。就像「烈女怕纏郎」這句話一樣，積極求愛的行為被包裝成浪漫追愛，受害者還會偏袒加害者。

某位學弟跟蹤學姐，在獨居學姐家附近徘徊，對身邊的人撒謊說：「我和她在交往。」之後變本加厲地闖入學姐住處，偷走學姐的物品，並隨身攜帶。這很明顯是犯罪行為，但該名女學生年紀輕，心軟，不知道怎麼處理這種事，一開始自我合理化「他可能太喜歡我了吧」，後來勸學弟「你跟身邊的人說謊了嗎？為什麼要騙人？」直到學弟硬抓住她的手，強行拉著她在街

有錢時找兒子，有問題時找女兒

偏心造成的失落

「請愛我」

雖然我們以「家人」之名聚在一起，但各自面對不同的世界，每個人的幸福標準也不一樣。有些人覺得不會動的花很美，有些人不這麼想。我們對事物的評價都是主觀的。

照顧子女的媽媽也不例外，站在媽媽的立場上看，自己當然無法像機器一樣，對每個孩子一視同仁。媽媽的偏心有自己的理由，可是在我們小時候，媽媽是我們接觸這個世界的最大管道，不得寵的女兒會尋找自己為什麼不被愛的理由，同時也會想辦法表現更好的模樣，渴望獲得媽媽的正向回饋。

通常，孩子單方面的努力並無法解決爸媽偏心或大小眼問題，結果，在偏心媽媽下長大的女兒，對自己不滿足，被關入不安的監獄，不認可自己的特質，會觀察他人的情緒與狀態，過於迫切想討好別人。

做為不受寵的孩子生活

華淑家有三個女兒和一個兒子，華淑的媽媽把所有的關心和愛都給了華淑的大姐，媽媽永遠把所有希望和支持放在大姐身上。華淑因為羨慕大姐，也想像大姐一樣上補習班、學鋼琴，但媽媽假裝沒聽見她的話。華淑失望之餘，也不服氣。長大後，大姐當了教育大學的講師，不過覺得不適合自己，很快就辭職了，由華淑一肩扛下家裡的經濟重擔，努力養活一家人。華淑是不是比大姐成功呢？

在媽媽偏心大女兒的環境中長大，華淑的自信低落，成長過程中總是拿自己和大姐作比較，想找出媽媽偏心大姐的原因。結果，「我沒有大姐漂亮、聰明，缺乏投資價值」的想法，在華淑心中根深柢固。華淑在責怪媽媽的同時，習慣性地把憤怒的矛頭指向自己，懷疑自身價值。不過，值得注意的是，華淑的媽媽也是受到偏心待遇的當事者。

華淑的媽媽是家中長女，爸媽只偏心弟弟。只有小學畢業的她小小年紀就進工廠上班，貼補家用。華淑的媽媽過著辛苦的日子，想盡快逃出家裡，因此早婚生女。媽媽自己身為長女，卻沒得到父母的支持，只能強迫犧牲，因此她對大女兒傾注所有的愛。然而，華淑的媽媽沒顧及其他子女的心情。華淑努力想理解媽媽，但即便已經年過五十，華淑還是很難壓抑媽媽只照顧姐姐所帶來的消極情緒。

「就算一次也好，我想聽見媽媽說『妳讓我很驕傲，妳很了不起』，要是這種話妳不只對大姐說，也對我說的話，我就不會這麼傷心了。」

華淑賺得比大姐多，過得比大姐有餘裕，卻沒享受到相應的幸福。媽媽不僅沒讚美華淑的成功，只擔心大姐。

「妳大姐運氣不好，她活得很認真……」

「妳得照顧大姐，要愛護她。」

儘管華淑已經過了需要媽媽讚美的年紀，但她內心始終飢渴。

「妳幫哥哥買了房子，那我呢？」

在有兒也有女的家庭裡，媽媽偏心通常是因為重男輕女。京子就是如此。

京子有一兒一女，她格外寵溺大兒子，對大兒子用充滿愛的肢體接觸和溫柔的語氣，對女兒愛用命令式語氣，導致女兒和京子不親。在學校很受歡迎的女兒，回到家悶頭不說話。但女兒越不會撒嬌，京子就越不喜歡她，而且女兒還越來越胖。

京子會這樣，果然是來自童年的影響。京子有個哥哥，京子父母疼兒子勝過疼女兒，哥哥讀碩、博士的時候，父母一手包辦學費；哥哥結婚時，父母也準備好新房和新車。然而，京子受到父母的不公平對待，連京子丈夫的公司破產時，娘家父母也視若無睹京子夫妻的困境。

不過，京子的反應讓人印象深刻。京子認為「重男輕女，天經地義」，認命接受現實。京子從小生活在偏心和性別歧視中，對不平等的問題十分遲鈍。所以，京子自己生了孩子，也重男輕女，帶給女兒相同傷害。因為京子被「重男輕女」的觀念洗滌，覺得自己並沒有因此受到傷害，所以不清楚女兒受到這種對待時會受傷。她把自己的行為合理化，認為是女兒先做出不討喜的行為，所以她只能那樣對待女兒。

京子的女兒自小否定自我價值，沒學會怎麼獲得別人的關心和愛。她在成長過程中變胖的最大原因是，想彌補自己得不到的母愛。換言之。京子低落的自尊傳承到女兒身上，以後當女兒結婚生子時，女兒很可能會把自己沒得到的母愛，再次以扭曲或過度保護的方式，傳到孩子身上。

如今卻要我孝順

儘管女兒怨嘆、認命，但偶爾會出現無法忍受的時刻。爸媽說手頭緊，向女兒討孝親費，女兒氣到跟媽媽大吼：

「你們有錢的時候把錢都給了哥哥，為什麼現在要這樣對我？」

但媽媽也不認輸，回擊道：

「妳這個不孝女，不知道反哺報恩。」

然後，女兒打電話質問哥哥：

「你不是應該負責養媽媽嗎？拜託你有點良心。」

哥哥對妹妹發火：

「媽媽只有我一個小孩嗎？」

女兒覺得自己對媽媽來說，只是個提款機，一想到就傷心。在家裡我到底算什麼？媽媽從小說的一句話時時縈繞在女兒耳邊，「大女兒（女兒中排行老大）是生來幫忙家務的」。媽媽生我是為了有人幫忙照顧家裡嗎？女兒心生懷疑。

被打的傷痛會留在心裡，而不是身體

精神虐待和肢體暴力

無處可歸的心

善意、犧牲、關懷與讓步能證明這個世界的美麗，反之，暴力、戰爭、排擠與不信任證明這個世界的威脅性。孩子的世界也不例外。與大人編織的美麗童話故事相反，現實世界處處會出現造成孩子痛苦的負面情境，比如說排擠、嫉妒、騙人與比較等等。家庭有治癒、保護孩子傷口，幫助孩子恢復健康的作用。還有，父母，尤其是媽媽，在任何時候都有責任支持孩子，理解孩子的心。

然而，這世上確實有孩子會在放學路上徘徊，「不想回家」，想與同儕在一起，覺得在外面比較自在。對這些孩子來說，家不是能休息與給予安穩的空間。對擁有冷酷且具暴力傾向的媽媽的孩子來說，家更只是一個施加沉重壓力、亟欲逃離的空間。

這一類的母親會對子女施加精神與肉體上的壓力與暴力，其特色為執著於自己的慾望，將生活不滿歸咎於子女，試圖把自己的教育方式正當化。孩子年紀再小，再懂事，但他們本能地能分辨媽媽的批評是出自對自己的愛，還是把自己當出氣筒。孩子只不過因為年紀小，無力反抗母親的暴力言行而已。這時候留下的童年經驗會在孩子的成長過程中產生長期的負面影響，孩子會變得多疑，不容易信任人，把小事放大，懷抱著隨時會被人背叛的不安感生活。比起為人著想、互相幫忙，孩子優先考慮的是人生只有自己，只有靠自己。

世上最殘忍的話

三十多歲的英雅和交往兩年的男友分手後，來找我諮詢。她與男友分手的理由很特殊，是因為英雅的酒後暴力行為。英雅平時寡言文靜，但醉到某個程度就會變得憤怒，對男友發脾氣，向男友動粗。一開始，男友會陪英雅一起發脾氣，或是安撫她，想分擔英雅心中的憤怒；可是隨著這種事反覆發生，男友逐漸感到無力與煩膩，向英雅提出分手。

「現在回想，我好像還放不下小時候對媽媽的怨懟。」

英雅媽媽的個性和慈祥沾不著邊。英雅五歲時，父母離異，媽媽獨自照顧子女，比起讚美和鼓勵，媽媽更擅長恐嚇式教養和體罰。除了打英雅之外，媽媽對英雅基本上不聞不問，視英雅如空氣。英雅至今仍記得媽媽說過的一句話：

「要是沒生妳就好了。」

母親把英雅視為阻礙離婚後重新出發的絆腳石，這讓英雅深受打擊，痛苦不堪。英雅早已對惡言相向、把自己當出氣筒的母親感到疲憊，渴望藉由外在關係獲得安定感，這也是英雅早戀的原因。每任男友在交往初期都對英雅很好，很呵護英雅，但隨著時間流逝，男友們理解英雅憤怒、悲傷與怨恨交織的複雜心態後，態度逐漸轉變。

尤其是英雅在愉快的氣氛下喝酒，會因為控制不了情緒，扔東西或動手打人，表現出暴力行徑。大部分男友見此情狀都會驚慌地提出分手。因此，不知從何時開始，英雅就算交男友也覺得「當他知道真實的我，就會馬上離開」而孤獨。無論英雅和誰在一起，都抹不掉空虛與不安感。這樣的心情轉化成測試男友是不是真的愛我的行動，而被測試的人的心情，想當然好不到哪裡去。

「我好像還活在媽媽的陰影下，下意識地模仿媽媽的行動，施加到男友身上。我很害怕這樣的自己。」

儘管英雅媽媽有她的苦衷，自顧不暇，沒有餘力照顧英雅，但她把自身痛苦與憤怒發洩在弱者英雅身上，留給英雅難解的習題。簡言之，英雅媽媽把暴力慣性植入了英雅的潛意識裡。

暴力母親留下的後遺症

兒童虐待分為身體虐待、精神虐待、性虐待及疏忽。兒童很可能同時經歷不同的虐待。此外，在父母暴力陰影下長大的孩子，日後校園暴力與婚後暴力的發生率較高。

受虐經驗是一種新受虐經驗的前驅物（precursor）或催化劑（catalyst）。在家裡承受父母家暴的孩子，越有可能成為校園暴力受害者。有時權威式環境會使得受虐者成群出現。具有暴力傾向的父母會攻擊家裡大部分的人，目睹父母的家暴行為的孩子，也是另一種受虐兒童。

——韓國保健社會研究院《不同生命週期對虐待與暴力的綜合處理與應對政策》

希靜也是如此。希靜小時候是母親家暴的受害者，現在變成對子女暴力相對的施虐者。有一次上小學的女兒不聽話，希靜差點出手打她後背。實際上，希靜的確有一、兩次失控爆發，即使她採用的是非直接式的肢體暴力，是伴隨語言暴力的間接暴力行為：邊扔東西邊罵人。不過每當那種時候，希靜就會想起小時候的媽媽。

小時候，希靜媽媽幾乎照三餐打希靜，希靜全身常有瘀青。如果希靜躲進洗手間，媽媽會強行開門，把希靜逼到角落後拳腳相加。有時候，媽媽會罰希靜面壁幾小時，要是希靜的腿沒力跪倒，媽媽會打她的小腿，逼她重新站好。

現在希靜結了婚，有了自己的下一代，早已擺脫媽媽的束縛，相較過往，日子變得平靜許多，但她仍然像被什麼追趕著般，惶惶不安。過去希靜下定決心，絕對不能成為像媽媽一樣的媽媽，但最近罵兩個上小學的女兒的頻率越來越高。

「妳竟然跟我頂嘴？沒禮貌！」

希靜氣頭過去，回想自己說的話時，很難相信自己竟然說出如此權威又暴力的言語。

不是每個人當上父母的那一刻就會變成聖賢，生兒育女不但會帶來喜悅和快樂，同時也走上了承受憤怒與愧疚的修行路。父母在養育子女的過程中，會經歷各種極端情緒，有時會氣到無法控制，這很正常。只不過希靜沒學會怒氣來臨的時候，控制憤怒情緒的方式，只學會威脅和暴力。雖然希靜童年的黑暗記憶變得模糊，但對希靜和兩個女兒來說，暴力正在重演。

媽媽只在乎自己
自戀者生孩子後會發生的事

想得到所有人的關注

在過去，某人「自我迷戀」並不會被當成一種人格障礙，頂多說他「自我中心」、「自大」或「自尊太強」，但如今精神醫學明確定義了具有此種特質的人為「自戀型人格疾患」（Narcissistic personality disorder，簡稱為NPD）——「脫離現實世界，無法正常審視現實與行動的狀態」。換言之，自戀型人格疾患患者擁有與普通人不同的神經迴路，且被視為是一種問題。

有些學者主張童年創傷與父母的過度放任，使自戀型人格疾患患者形成「假我」，不過，隨著新論證的出現，自戀型人格疾患的成因至今尚無定論，唯一能肯定的是，即使是母親，也有可能是自戀型人格疾患患者。

患有自戀型人格疾患的媽媽，外表看似亮麗、自由自在、富有魅力、充滿自信，希望自己成為人生舞台的主角，實際上，其內心極度缺乏自信，只重視外表，低自尊，渴望向外界證明自己的存在感。她們喜歡引人注意，不容許任何人分散集中在自己身上的關心，哪怕那個人是自己的孩子也不例外。假如女兒從小展現過人才華，陷入自戀型人格疾患的媽媽會說：「還不都是因為我養得好。」歸功於自己。

抑或是她們會把他人的目光吸引到自己的身上，把女兒視為飾品，襯托自己的耀眼，又或者把自己實現不了夢想的責任轉嫁到女兒身上。女兒在這一類母親的身邊成長，將逐漸失去自信和主動性，更重視媽媽的慾望，把媽媽的想法放在第一位。

只知邀功的媽媽

美真不分晝夜地苦讀，終於通過教師聘用考試，實現為人師的夢想。家人聚在一起慶祝，但還沒來得及恭喜她，媽媽先站出來說：

「你們知道我為了照顧她，睡都睡不好，吃了多少苦嗎？美真熬夜的時候我也在熬夜，幫她準備零食，早上還得負責叫醒她，累死我了。」

美真不由自主地嘆氣。這已經不是一、兩次了。從小時候開始，美真得獎或考試拿到好成績，媽媽必定大肆吹噓「當年勇」，轉移話題。簡言之，「美真都是像到我才這麼聰明」。有一次美真不小心摔倒，腳趾骨頭裂掉打上石膏，媽媽那時候談起自己過去生病的事，希望美真能體會自己當初生病有多難受。

每當這種時候，美真都很混亂，不管自己多努力，媽媽永遠是主角，自己永遠是配角。但細想之下，媽媽似乎很自卑，也沒把自己當成真正的主角過。美真聽過幾次媽媽誇大學歷和吹噓自己正在做的事。

如果真如媽媽所言，媽媽應該是這世上最能抬頭挺胸、最從容不迫的人才對，但美真只覺得媽媽永遠焦慮不安，且把她的成功視為威脅。美真養成看媽媽臉色的習慣，低調不張揚，她不能比媽媽開心，也不能比媽媽傷心。美真事事把媽媽放在第一位，不僅在母女關係中，就連職場與人際關係中都畏首畏尾。

不該出生的孩子

華珍的父母在她出生那一年離婚，所以華珍不知道爸爸長什麼樣。在單親家庭長大的華珍時常聽到媽媽說：

「妳為什麼這麼像妳爸？我的人生因為妳變得一團糟！」

華珍變成了素昧平生的外遇父親的替身，承受媽媽的憤怒。華珍變得小心翼翼，就怕一不小心惹媽媽生氣。媽媽買便宜的衣服給她，她會二話不說地穿上，也會自動自發地領送給單親家庭的免費食物吃。媽媽從不參加任何學校活動，對外不承認自己已經當了媽。媽媽在買名牌包包和化妝品的時候，看起來最幸福。有時媽媽會撒謊，把華珍謊稱成姪女，每當這種時候，華珍都會心碎一地。

爛軟的透明人

華珍認為想要擺脫母親的陰影，就得盡快離開母親身邊，於是華珍早早步入婚姻。華珍覺得像媽媽一樣欲求不滿、欲望過剩的人會帶給自己壓力，所以選擇了和自己相像的結婚對象。華珍和丈夫從小沒有成就感、膽小，兩人下意識地互相吸引、依靠，步入禮堂。從表面上看，華珍與丈夫都是獨立自主的成人。

華珍從丈夫那裡獲得了欠缺的母愛和照顧，全然依賴丈夫。華珍不管家務也不下廚，大小事都仰賴丈夫。然而，丈夫也是第一次經歷婚姻生活，夫妻能支配的生活費變少，度日困難。陷入低潮無力的華珍說：

「我一直活得像透明人，又緊張又害怕會造成別人的麻煩……每件事還沒開始，我就認定『不會成功』，早早放棄。」

華珍長大後也受到母親虐待的後遺症影響，被媽媽的否定記憶延續至今，覺得別人也可能否定自己而不安。華珍認為與其做出一番成就，不如處世圓融，保持良好的人際關係，不違逆他人心意，安穩度日，所以她對未來沒有計畫，也不打算生小孩。因為她很清楚養育孩子需要承受多大的壓力，也害怕得顧及孩子的心情。就這樣，華珍的母親把全副心神放在自己過往的傷痛與難過上，用華麗的包裝掩飾一切，而被這種母親影響的華珍變得被動軟爛。

我越來越像我討厭的媽媽

傷口的承襲

可怕的是，活在我體內的媽媽

我們看到打哈欠的人，會不知不覺地跟著打哈欠；看到違規穿越馬路的人，也會跟著走上斑馬線，直到回神才意識到違規，受驚嚇；進入餐廳時看到吃炒飯的客人，莫名地胃口大開，跟著點炒飯。我們天生容易受他人影響，效法他人。

更不用提在同一個屋簷下一起吃了十年、二十年飯，有相同生活經歷的家人之間影響甚鉅。孩子除了和父母擁有生物學共同點——同血緣傳遞的基因之外，其言行舉止、飲食偏好與習慣都會與父母相似。這也是為何有人做出令人失望的事時，我們會自然地怪罪那個人的父母，而看到心地善良的孩子，不會直接讚美孩子「你做得真好」，反而會說「（父母）教育得真好」。

在親子關係當中，孩子的行為模仿源自父母，無論父母的行為是對還是錯，都是教育。媽媽不只有讀童話書給女兒聽的時候是在教養女兒，而是無時無刻都在言傳身教。正因如此，女兒的品性會越來越像媽媽，不幸也會相似。倘若媽媽沒有得到上一代的正常關愛，輪到她養育下一代時，就算再努力做胎教，時時刻刻努力教好孩子，也會有所侷限。養育孩子就是和孩子分享生活的每一刻，媽媽不曾獲得上一代完整的愛，不會懂怎麼愛人，也缺乏先驗[3]，因此會複製自己獲得愛的方式，複製上一代的錯誤教養，結果傷害了孩子。

沒有父母福，就沒有子女福

宣美有六歲的女兒和兩歲的兒子，正值「小惡魔」年紀，女兒愛唱反調，讓宣美很頭痛。宣美一忍再忍，某一天，宣美要去附近的超市，於是交代女兒照顧兒子，沒想到女兒給弟弟喝熱水，燙傷了嘴。宣美痛罵女兒，女兒卻不知反省。除此之外，還有別的事情，比方如果宣美說開窗戶外面的灰塵會吹進家裡，要女兒不要打開窗戶，女兒就會忽然開窗；宣美要女兒刷牙後別吃東西，女兒就會偷吃餅乾。

每當母女爭吵，丈夫下班回來後，女兒就會跟爸爸告狀，哭訴一整天下來受到的委屈。宣美覺得向丈夫撒嬌賣乖的女兒，很討人厭。還有女兒和自

3譯註：指先於經驗所得知的知識或常識。

己的疏遠行為也讓宣美不舒服。某一天，宣美感覺連兒子都開始疏遠自己，陷入嚴重自責。

「娘家媽媽每次都說是我的錯，她也不關心孫子、孫女。」

宣美告訴了我媽媽的故事，我對宣美的媽媽印象深刻。宣美的媽媽在宣美八歲時和先生離婚，獨力養大宣美。媽媽會不斷地感嘆與埋怨：「我真是遇人不淑，我的人生全毀在妳爸手上。」媽媽一生氣就摔椅子，還會摔東西威脅宣美，宣美就是媽媽的出氣筒，宣美害怕也討厭媽媽。然而，媽媽對待宣美的模樣，宣美並不陌生。

宣美察覺到自己身上有媽媽的影子時，很是吃驚。原來她跟媽媽一樣，不知不覺地想支配、控制女兒。宣美覺得女兒是為了折磨和反抗自己才事事唱反調，實際上，是宣美主觀感受扭曲了女兒的行為意圖，一度懷疑女兒是不是有人格障礙。宣美像媽媽一樣希望女兒理解母親的辛苦，把自己擺在女兒的感受之前，沒想過六歲女兒沒獲得想要的讚美與肯定時有多難過。宣美把從上一代感受到的鬱悶、煩躁與委屈都投射到女兒身上。

為了照顧自己傷痛而疲憊的媽媽

善玉父親多次外遇，還對媽媽施暴，媽媽忍氣吞聲到善玉二十歲才離婚，帶善玉離開家。混亂的家庭環境讓善玉錯過上大學的時機。但是，善玉不久後知道了相依為命的媽媽很久以前就有一個新交往的對象，對媽媽感到失望，覺得被媽媽背叛了，不願意繼續和媽媽同住，搬出去和朋友一起住。

從那時起，善玉的生活變得更不穩定，她信不過爸爸也信不過媽媽。善玉過了好幾年這種生活，喪失了自我存在感。無精打采的她遇見了丈夫，也順利地結婚，但善玉信不過丈夫的愛，也無法敞開心胸。從表面上看來，善玉與丈夫、孩子的家庭再平凡不過，但善玉的心時常空蕩蕩。丈夫像是回應善玉的不信任一樣，沒多久後外遇了。

「你果然也是那種人。」

善玉得知丈夫外遇，一氣之下也紅杏出牆，和夜店的陌生人發展一夜情。夫妻感情裂痕越來越深，最終步上離婚一途。當時善玉的女兒五歲。

善玉討厭自己是個單親媽媽，覺得人們瞧不起自己，羨慕有平凡家庭的女性。儘管她希望身邊有人能依賴，卻不再相信男人，靠一夜情或玩玩不認真的關係填補空虛。善玉有時會把上小學的女兒獨自留在家，尋歡作樂，徹夜不歸。善玉一喝酒就會喝到斷片，她覺得自己的生活很悲慘，陷入憂鬱症和神經衰弱。善玉過著邊依賴藥物、邊養育女兒的辛苦人生。

讓心情瞬間低落的事件

某一天，國中生女兒無故外宿，善玉打電話給女兒，電話關機了，善玉不清楚女兒的交友圈，意識到「原來我一點都不了解我的孩子」！善玉翻找女兒的房間，卻翻出了香菸，還看見女兒寫的日記。善玉才曉得女兒從上小學就被同學孤立，還經常被噩夢折磨。

善玉看女兒的日記時，無比後悔與自責，哭了起來。她從不知道在她哀嘆自己的處境時，女兒陷入了什麼樣的困境，經歷了什麼樣的痛苦。善玉回想起過去自己心情低潮時，媽媽拋棄自己，和其他男人開始新生活而帶來的背叛感。時間過去，長大的善玉變成了過去自己討厭的媽媽。

第二章 我決定當壞女兒

如果覺得不自在，那就是錯誤的關係問題認知

要媽媽先意識到問題不容易

解決所有問題的第一步是意識到問題，如果家庭關係出了問題，第一步是承認它。當我們運動時覺得狀態不好時，會這樣說：

「我今天身體狀況不怎麼樣，好像有點不舒服。」

可是，人們通常不願意說出或承認家庭關係帶來的煩惱，不管是不知道問題出在哪，或是意識到問題出在哪，大部分的人都不願意家醜外揚。

電腦故障得先找出問題點，得知道使用不順才能修理它；心愛的孩子發燒、咳嗽，我們也得找出發燒的原因才能對症下藥。所有問題都有理由，我們必須認知到問題從而掌握原因。

母女關係也得先認知問題才能解決。我也一樣，當我意識到我和女兒之間的關係，對我造成很不好的影響時，我也感到很慌張。我的價值觀被動搖了，過去我溺愛女兒的行為太過火，造成了女兒的壓力。

我竭盡所能想當個好母親，而我認為的好母親標準是什麼？讓女兒活得快樂，不讓她痛苦或難受。這是我過去愛女兒的方式，所以我每次面對女兒，總是帶著笑，從不流露出疲憊神色，對女兒百依百順。女兒的快樂成了我的幸福標準，無論物質或情感上，我毫不吝嗇地給予女兒百分之百的支持。

也許是女兒非常享受母愛，總是需要我在身邊，事事依賴我。不，說不定她是迎合我，知道自己那麼做我會高興。我為什麼拚命想給女兒我不曾得到的母愛呢？媽媽缺席的童年使我痛苦……年幼的痛苦深埋在我的潛意識中。我想努力滿足女兒需求的行為，實際上是滿足我無意識的慾望。那是我過去渴望得到的關心、照顧，是最棒的母愛。

可是那份母愛是我想要的，不是女兒想要的。我很難明白為什麼我的溺愛會對女兒造成不良影響。我給她我小時候渴望的愛、關心與照顧，怎麼可能會成為問題呢？

在這種情況下，女兒碰到小問題就會覺得無力，缺乏獨立自主性。每當遇到困難，她根本不會思索怎麼戰勝困境，一心只想躲避，就像一個缺乏病毒免疫力的孩子，什麼事都無法自己解決，遇到困難就閃躲或中途放棄是常有的事。

女兒的獨立自主性隨著時間過去越來越下滑，如果沒人站在客觀立場告訴我，我到現在也不會發現自己對女兒造成不良的影響。當我意識到問題的原因之後，我改變了對待女兒的態度，雖然很難一夜之間就改變，不過光知道我的愛反而妨礙了女兒的人生，足以讓我意識到我和女兒的問題，拉開和女兒的距離。

客觀而言，我們是什麼關係呢？

即便是母女關係也得保有客觀性，我們應該觀察自己與媽媽認為最重要的事情、各自渴望的理想生活。媽媽必須回頭審視，自己是否把自己想要的生活套用到女兒身上，而女兒也要明白媽媽希望自己成為什麼樣的女兒。這是解決問題最重要的第一步——認知問題的過程。

很多時候母女的情緒無法獨立，互相緊密相連，而且大多數的人不認為這是個問題。雖然女兒感到不舒服，但會認為這是因為媽媽太愛我、太關心我，因此女兒會壓抑不舒服的情緒，導致問題回到原點。女兒不知道媽媽的行為出了什麼問題，壓抑自己所有情緒，認為只要像現在一樣忍耐，就能維持良好的母女關係。

「我的情緒不重要，只要一家人開心幸福就可以了。平安無事就是福。」

女兒會這樣子安慰自己，某一天，她理解到一直以來守護的家庭幸福是假象。別人把媽媽的異常行為看得一清二楚，終於，女兒也看見了。假如這時候其他的家庭成員，好比女婿或孫女登場，媽媽的執著與不安就會更加外顯。過去女兒一直認為自己和媽媽之間沒有問題，事實並非如此。通常女兒會這麼說：

「只要先生和我配合好就行了，我不知道問題出在哪裡，我媽很疼愛我先生和我女兒，我先生卻只說我媽讓他不舒服，很累。」

「婚後，我先生說我太依賴娘家，找我麻煩。女兒可能聽見了他說的，也對我抱怨連連。」

為什麼一定要找出痛處？

如果女兒不正確認知問題，就無法解決問題。當女兒和丈夫組成的新家庭發生矛盾，或是丈夫開始覺得和岳母之間有點不舒服，女兒卻無視這些，那麼就和幸福家庭生活無緣。所以，女兒一定要意識到什麼才是重要的問題。

現在我不再是媽媽懷抱中的孩子了，我已經從學校畢業，自己賺錢，說不定已經是個結了婚、有自己家庭的獨立自主成年人。女兒小時候因為得依賴父母，違背父母的話就會被罵，所以才按媽媽的意願生活，但女兒現在得為了自己獨立。

女兒得確實地承認媽媽的過分執著，會影響到已經成年的我。

「媽媽沒有我也沒關係嗎？」

「反過來，我沒有媽媽也沒關係嗎？」

雖然這些想法會使女兒不安，不過女兒得明白，打錯的結隨著時間流逝會變得更難解開。我過去因為不想在和母親的關係中感到痛苦，所以作出哪些選擇？當時的那些選擇是為了誰作的？女兒先意識到問題後，再回頭審視自我，就能找到對策。

成為壞女兒的練習

有過童年傷痛的人，心理無法正常成長，即使外表長大成人，內心也住著一個哭泣的孩子。

讓我們回想一下童年的傷痛。當時我幾歲？了解一下我的幼年心靈。

當時的我的心情是怎樣的？

- 今天是爸爸媽媽要來學校的日子，卻是奶奶替媽媽來，我覺得好丟臉。

・我害怕媽媽和爸爸吵架，媽媽會離家出走。
・我的成績好像是媽媽生氣的原因，我覺得不安。
・被朋友看到我被媽媽罵的樣子，很難為情。
・（　　　　　　　　　　　　　　　　）

如果現在的我遇到小時候的我，我會說什麼呢？比方說：「妳應該要做得更好才對！」或「不要自責，妳還只是個孩子，做錯更多也沒關係。」雖然小時候沒人對我們這麼說，但現在讓我們自己替內心的那個小孩送上溫暖的加油吧。

跟幼小的我產生共鳴

- 每個同學的媽媽都來了，妳的媽媽卻沒有來，妳對媽媽很失望吧。
- 妳決定以後要更加聽媽媽的話，看來妳真的很害怕會失去媽媽吧。
- 妳覺得所有事都是妳的錯，所以才這麼煩惱啊。
- 妳一定很氣媽媽，想躲起來吧。
- （　　　　　　　　　　　　　　　　）

小時候的我想要什麼呢？

- 我害怕的時候就算不說，媽媽也能明白我的心情，希望媽媽能幫我。
- 我擔心不安的時候，希望媽媽能問我有沒有事？是不是需要她的幫忙。
- 當我遇到困難的時候，或是一個人的時候，希望媽媽能和我在一起。
- 我害怕發抖的時候，希望媽媽能抱我。
- （　　　　　　　　　　　　　　　）

長大的我理解童年的我的心情

- 不敢告訴任何人，妳一定很害怕吧。
- 人們真的很可怕。
- 妳覺得自己受到了侮辱吧。
- 妳覺得不能自己解決問題，對自己很不滿意吧。
- 妳一定很不好受。
- （　　　　　　　　　　　　　）

童年的我看著長大成人的我所感受到的情緒

- 姐姐，看到妳還因此痛苦，我很心痛。
- 希望姐姐能勇敢地解決問題，勇敢地生活！
- 姐姐的環境和小時候的我的環境不一樣了。
- 小時候沒人能夠幫我，可是現在姐姐妳有丈夫、有兒子也有女兒！
- 姐姐妳絕對不是一個人，希望妳能振作起來，直面問題。
- （　　　　　　　　　　　　　　　　）

為了自己的獨立宣誓表達練習

對方會改變嗎？

如果女兒有煩惱，先意識到問題，掌握問題根源，再回顧自己。一旦女兒接受和理解自己的問題，就能加快改變速度，內心也會變得痛快與自由。可是假如女兒迴避問題或不承受有問題，改變速度就會減緩。

因為母女關係出了問題來找我的當事人，往往已經自己分析並下了定論，女兒會表示「問題都在媽媽身上」，媽媽則會鬱悶地說：「我不懂我女兒為什麼那樣做，她到底在想什麼？」

「我太累了，不知道怎麼辦才好。」

「我真的搞不懂她。」

母女倆就這樣互相說搞不懂對方。媽媽請冷靜下來想想，女兒長到這麼大，還乖乖聽妳嘮叨，完全不敢頂嘴，這種女兒是正常的嗎？或者女兒說討厭媽媽、逃離媽媽，現在卻回到媽媽身邊？那個理由是什麼？女兒為什麼聽到媽媽說一些難聽話卻只能發脾氣？女兒得捫心自問「我的內心在想什麼？我為什麼做出那些行為？」要找出內心隱藏的理由。

很多母女都希望對方改變，舉例來說，「我希望女兒能稍微改變」、「我希望媽媽能改一下」等等。很多人說只有對方變得不同，我才能感到幸福，但自己費盡唇舌，千方百計想說服對方，對方都死性不改。人本來就不喜歡被別人挑錯，即使是母女關係也一樣，我們被別人指責或評價時，多傾向不吭聲，有時還會出現反抗心理，那時候會更難深入檢視問題根源。女兒與其抱怨媽媽，不如改變自己去解決問題會更快。我的意思不是要女兒對媽媽百依百順，而是得先理解自己與媽媽的關係，才有辦法進行修復。

如果我的內心不舒服，理由是什麼？我的心現在想要什麼？當女兒不斷地自問，和自己的心相遇，理解並產生共鳴時，複雜的心結就會開始解開。每個問題都有理由，每種情緒都有原因，知道大部分理由時就能理解並產生共鳴。然而，一般而言，小時候經常被父母評價的孩子長大後反思自己，經常感到自我厭惡。請明白父母的否定不是真實的，希望女兒能了解自己的心情，看見真實的自己。

「我媽死都不會變」

當女兒了解了自己想要的，接下來該做的就是讓周遭的人也明白這件事，尤其得把自己的心情告訴使自己煩惱的對象，也就是媽媽。如果媽媽的個性較激烈或暴力，女兒可能很難表達想法，要是能一輩子迴避媽媽或不和媽媽見面，那倒罷了。不過，這並不容易。

從小沒有反抗過強勢媽媽的女兒，在長大後有很大的機率會跟小時候一樣害怕媽媽。在這種情況下，雖然媽媽對女兒沒有特別不滿，但女兒很有可能正承受精神折磨，好比憂鬱症、失眠等等。另外，女兒也可能另外找出口，宣洩那些沒能告訴媽媽的心聲。

「我覺得我媽很丟臉。」

「我太討厭媽媽了。」
「我努力不活成第二個媽媽。」
「我媽真的有夠怪，像個神經病。」
「我的身心飽受折磨，正在慢慢走向死亡。」
「我不想活了。」

有些女兒為了滿足媽媽，一肩承擔起媽媽的生活費與醫療費，承受媽媽的言語暴力五十年。對這種女兒來說，媽媽不是媽媽，是怪物。媽媽的虐待從她們小時候就開始了，她們從還沒有記憶的時候就開始被洗腦，心靈在恐懼中停止，只有肉體長大，內心停留在十二歲，到現在都怕被媽媽罵而寢食難安。

「媽媽因為生病變得很奇怪……如果我不聽她的話、反抗她，她會更生氣，會把我逼到死路，我也是不得已的。」

我問這位女性：

「妳這樣子過了五十年，妳以後想過怎樣的生活？」

她毫不遲疑地回答：

「我真的很想擺脫媽媽，拜託讓我活得舒服一點吧。如果繼續過這種生活，我寧願死。」

我問她有沒有把自己的想法告訴媽媽，有沒有為了改變現況做一些事，她大力搖頭：

「不可能。我媽死都不會變，我不想沒事找麻煩。」

施虐的媽媽不是媽媽

女兒已經是五十多歲的大人，內心卻停在十二歲，心底的孩子到現在還在看媽媽的臉色，迎合媽媽生活。我們已經是成年人了，試想如果幾十年前的童年的我，遇見今天長大的我，會是什麼心情呢？如果我看見自己現在活在和過去一樣的痛苦中，會怎麼想呢？我會真心希望長大的自己不要再過這種生活。

希望現在長大的女兒能牽起童年的我的手，擺脫媽媽的束縛。當時我只有十二歲，年幼無力，無法反抗媽媽，就算媽媽很奇怪，但因為需要，所以不得不聽媽媽的話。可是，我現在已經是成人，是不需要媽媽的年紀，沒有媽媽也沒關係。

虐待女兒的媽媽不是媽媽，這種媽媽把子女當成所有物。為了滿足自己慾望而支配女兒的媽媽，不過徒有「媽媽」之名，沒有媽媽之實。女兒不用照顧會欺負與虐待妳的媽媽，即使女兒不照顧她，女兒也不是壞人，過去這段時間女兒做得已經夠多了。希望女兒能和媽媽保持距離，照顧好自己的心，還有，一定要擁抱因恐懼而顫抖的童年的自己。

成為壞女兒的練習

在母女關係中，母親很難改變。希望媽媽改變的女兒認為只要我做得好，再努力一點，媽媽就能改變。然而，一段時間過去，如果媽媽依然如故，對女兒的要求只有越來越多，女兒就會覺得不舒服，迴避與疏遠媽媽。但只要有一個人變得不同，母女關係就會產生變化。

我現在希望媽媽做什麼？

- 我想要媽媽認可我的努力。

- 我希望媽媽愛我。
- 我希望媽媽尊重我的意見與選擇。
- （　　　　　　　　　　　　　　）

希望自己成為什麼樣的女兒？

- 值得信賴的女兒。
- 保有本性的可愛女兒。
- 獨立自主的女兒。
- （　　　　　　　　　　　　　　）

在與媽媽的關係中，最擔心哪些方面？

- 擔心因為我，我和媽媽的關係會更加惡化。
- 擔心我和媽媽的關係造成周圍的人困擾。
- 擔心和媽媽的不穩定關係會持續一輩子。
- （　　　　　　　　　　　　）

向媽媽說出心聲吧！

- 「媽媽，我希望得到您的肯定。」
- 「媽媽，我希望您相信我，給我時間。」
- 「媽媽事事都干涉的時候，我會喘不過氣，覺得自己一無是處，老是想逃避，非常無力。」

•「我怕說這種話會讓媽媽傷心，和媽媽的關係變得很糟糕，但我說，是因為我很想和媽媽好好相處。」

•「因為以前我一直不說，忍在心底，所以覺得媽媽讓我很不自在，會迴避媽媽。」

•「希望媽媽能多尊重我一些。」

•（　　　　　　　　　　　　）

雖然不容易，但女兒一定要對媽媽說出真心話。在大部分的情況下，女兒會沉默，迴避媽媽或傳遞煩躁的非言語訊息。媽媽不會懂女兒為什麼會這樣（要是媽媽能懂，問題早就解決了）。媽媽我行我素，女兒也我行我素，雙方的誤會與矛盾加深，彼此傷透了心，變得更痛苦。女兒應該先鼓起勇氣，先向媽媽說出真心話。

不過，女兒不要期待媽媽聽了真心話後會馬上改變。大多數的媽媽聽不懂也無法理解與共鳴女兒的心聲。當女兒站在自己的立場表達心聲時，媽媽會辯解或試圖合理化、生氣、抱怨或指責。就算媽媽表達出那些情緒，女兒也要表達自己的內心。這不是徒勞無功，改變的速度雖然緩慢，但媽媽會一點一點地努力察覺女兒的心，關懷女兒。就算媽媽不想努力改變，女兒說出真心話的行為仍然有其意義，因為不說出口就不會知道，不表現就無法解決問題，只會剩下用耐性架成的虛有其表的母女關係。

已經到了能讓自己幸福的年紀

離開懷抱

背棄父母的罪惡感

「媽媽總說我是麻煩精，我待在媽媽身邊就呼吸不過來，我跟媽媽沒話好說，一說話就被媽媽抱怨，有問題就怪我。」

雖然媽媽總是讓我感覺到疲憊，但因為是辛苦把自己養大的媽媽，所以我總是放不下她。但即使我努力安慰媽媽，傾聽媽媽說話，媽媽卻總是不停嘮叨。

媽媽為什麼生下我？媽媽真的愛我嗎？無論如何，女兒為了不讓唯一的媽媽感到孤獨，下定決心要和媽媽相依為命地生活下去，但媽媽的固執與埋怨一如既往。

女兒感到疲憊，想放棄媽媽的愛，和媽媽保持距離，心中卻有著疑問，「我可以這樣做嗎？」害怕被別人指責不知感恩父母。媽媽的詛咒和埋怨縈繞耳邊，媽媽說出「都怪妳！」的嘶吼聲像回音一樣響起。女兒告訴媽媽：「以後不會再見媽媽了。」媽媽說：「自私的丫頭，妳不配當人。」那個聲音像幻聽一樣不絕於耳。

女兒長大成人後，媽媽依舊控制與施壓，使得女兒的心和生活都變得疲憊。女兒必須離開媽媽，保持距離才行。女兒當了媽媽感情的奴隸一輩子，活在痛苦中，現在得保護自己的心才行，即使女兒做得好，媽媽也不會改變。不，做得越好，媽媽只會越無視，越任意妄為，對女兒產生負面影響。媽媽的負面影響不是女兒的錯，媽媽習慣向女兒發洩負面情緒是錯誤的。她想迴避責任，重演過去一錯再錯的行為。雖說如此，要女兒主動和媽媽保持距離並不容易。

努力保護自己

在母女關係更惡化之前，女兒得和媽媽保持距離，保護自己才行。希望女兒能擺脫過去受傷的負面情緒，過自己的人生。即使女兒留在媽媽身邊，媽媽也不會改變，女兒的包容反而強化了媽媽內心深處的情感。如果女兒繼續包容媽媽，就很難擺脫媽媽的控制。為了不被媽媽左右，女兒要和媽媽保持距離。如有需要，分居吧！女兒必須透過獨立生活，變得成熟，建立自己的人生。

媽媽真的愛我嗎？媽媽懂得什麼是愛人的心嗎？媽媽和我的對話中，她總是責備我，把自己的負面情緒推到別人身上。媽媽不管和女兒或和他人的對話，都依循這個邏輯，媽媽為了確定對方是不是瞧不起自己，想成為比對方更強的人，所以會尋找對方的弱點攻擊，藉此提高自己的地位。媽媽認為自己是十全十美的，不舒服的情緒都是源自於家人，把負面情緒盡數轉嫁給家人。

媽媽不會想替現狀負責，永遠自我合理化，把自己的情緒放在第一位，按當下的心情信口開河。由於媽媽沒有解決問題的能力，所以母女關係出現問題時，媽媽也絕對不會在自己身上找問題，會把問題歸咎於外部因素。媽媽的情緒沒有長大，內心還是個孩子。

這種人被稱為自戀型人格疾患，或自我陶醉。自戀型母親身邊的家人活在痛苦中，當家人照顧、善待自戀型母親時，她反而會瞧不起家人，把家人視為比自己低下的人。她們重視所有關係的秩序，希望自己高高在上，不相信人的親切與善良，主張所有的關係都有意圖。

從小在自戀型媽媽身邊長大的女兒，一直包容媽媽的負面情緒，不管女兒做得再多再好，媽媽的態度也不會改變，要求只會越來越多。而且媽媽會一邊要求女兒、一邊怪罪女兒。讓這種媽媽最痛苦的事，就是自我反省。她們很少承認自己做錯，會想方設法，不惜傷害他人，也想逃避自我反省帶來的痛苦。

那些不怪罪別人就無法撐下去的人

許多心理學家的研究表明，自戀型人格者小時候可能受到父母錯誤的教養。一般而言，當孩子做錯事時，父母會煩惱如何教育孩子，有時循循善誘，有時齊心協力解決問題，讓孩子了解要替自己的錯誤行為負責。孩子透過這樣的經驗，進一步成長，學會認錯。孩子被培養出犯錯自我負責、請求原諒的良好品格，接納自己，得以成長並成熟。

但是，當父母過於嚴厲警示與警告「絕對不能犯錯！」，孩子長大之後會記得「我絕對不能犯錯」，一犯錯，心情就會變得惡劣、憤怒、推卸責任。簡言之，什麼事都怪別人。

這種女兒的母親在小時候被灌輸過這種念頭——絕對不能犯錯。因為一犯錯就會被痛罵，所以絕對不能犯錯。這也是為何要她承認自己的錯，比要她死還難受。這一類的母親不管怎樣都會說不是我的錯，即使明顯是自己的錯也會矢口否認，不停地怪罪女兒。媽媽小時候承受父母給的精神創傷，不但不能接納自己，也不能接納女兒犯錯。

長大成人代表我們在遇到問題時，有能力為自己的行動與情緒負責。成熟的大人會從自己身上尋找問題根源，反省自己；相對地，遇到問題時從別人身上找原因，把情緒推卸到他人身上，那是孩子才會做的事。就像孩子們吵架的時候，孩子們不能理解媽媽的情緒，不願意認錯，把錯誤推到朋友身上。如果孩子長大以後解決問題的方式仍然是怪罪別人的話，那就是情緒沒能成長。

這一類的母親一直以來表面上假裝堅強，隱藏自我生活，直到現在，她們也害怕被人看破內心，就會被瞧不起與隨意對待，因此努力假裝強勢。她們其實是逃避問題的膽小鬼，逃避負責，所以沒有解決問題的能力。人們只有自己接受問題、理解問題、睜大眼睛正視問題，才會產生解決問題的能力，內在才能成長與成熟。

即使是現在，只要媽媽能認知到自己的問題，並承認問題，還是能逐漸地改善。但這種情況是少數，而且過程非常困難。女兒沒必要因為媽媽改變不了自戀傾向而受挫，妳我都已經是成年人，不管媽媽是怎樣的人，我們都有能力找到別種方式，安慰自己的心。

成為壞女兒的練習

我以後想和媽媽建立怎樣的關係？請坦率作答。

- 希望成為互相獨立、尊重的關係。
- 希望成為互相理解又親密的母女。
- 與其很親密，更希望保持距離。
- 盡可能斷絕母女關係。
- （　　　　　　　　　　　　　　）

想到能擺脫現在的關係時，心情如何？

- 很輕鬆，光想像就很開心。
- 內疚，好像對媽媽很差勁。
- 擔心媽媽，媽媽好像會需要我。
- 擔心我自己，失去媽媽讓我沒信心好好生活。
- （　　　　　　　　　　　　　　　）

站在第三者的角度觀察自己與媽媽的關係

- 媽媽太依賴女兒了。
- 被媽媽虐待的女兒很可憐。
- 有點打寒顫。

・像是互相撕咬的關係。

・（　　　　　　　　　　　）

當自己表達要與媽媽保持距離時，第三者會怎麼說？

・「竟然有這種不孝女？」

・「情有可原，妳從以前一直忍到現在。」

・「妳盡力了。」

・「就算妳再努力，妳媽也不會改變。」

・「這不是妳的錯。」

・（　　　　　　　　　　　）

對付惡言惡語最有力的方法
擺脫煤氣燈操縱

如果想擺脫煤氣燈操縱

心理學中有「煤氣燈操縱」（Gaslighting）一詞，意指某人透過心理操作，使他人質疑自己，喪失現實感與判斷力，再隱秘地支配對方。媽媽有可能在過去的漫長時間中，對女兒進行煤氣燈操縱，傷害女兒，並帶給女兒痛苦。

如果是這一類的母親的女兒，我建議在治癒好心靈前，和媽媽分開，並保持距離。要保持多遠的距離，根據女兒過去受到母親影響的強度而定。女兒也許會期待和媽媽進行情感交流，渴望媽媽明白自己的心情，想告訴媽媽自己受傷了。但這是沒用的，不，每當女兒這麼做的時候，只會受到媽媽變本加厲的指責。

「妳這麼軟弱不堅強，要怎麼活在這世上？」

媽媽應該會這樣罵女兒。女兒不要期待媽媽產生共鳴，關心自己。女兒要和媽媽保持距離，克制和媽媽對話的時間，不要在意媽媽，斬斷對媽媽的關心。女兒需要一定的獨處時間，恢復心靈傷痛，在那之後，再找機會用堅定的態度向媽媽表達自己的想法。

媽媽怕的是周遭視線

假使自戀型媽媽指責、責怪自己，也不要被她的對話方式影響，不要動之以情，應該誘導她理性溝通。自戀者最害怕周遭人的評價。

「媽媽，批評人是自尊低落的人才會做的事，妳每天生氣、發火，不尊重我，附近（社區、教會）的人知道嗎？如果他們知道在外面又和藹又親切的妳，在家裡是另一個樣子，該有多吃驚？我要問看看附近的人，這樣不尊重女兒的態度是對的嗎？」

這一類的媽媽最怕自己不好的舉止被傳出去。她們害怕和在意的人就是周遭認識的人，會在外人面前包裝自己、表現優秀，絕不容許外人看見自己的真面目。因此，女兒要用堅決的態度和媽媽溝通，提醒媽媽不要隨意評價自己。

如果想和沒有同理心的媽媽對話

對這一類的媽媽來說，普通對話是行不通的，因為她們和女兒無法產生共鳴與理解。她們認為誰占了對話的上風很重要，會想說服別人自己的話才是對的。正因為這種媽媽一開始就不打算接納別人的意見，所以只要女兒一批評自己，媽媽就會氣得罵女兒是敗類、不孝女、不知孝順，鬧得雞飛狗跳；要是女兒生氣回嘴，媽媽反而會說「妳有憤怒調節障礙」。

儘管媽媽不想聽到任何指責，但認為自己指責女兒是天經地義的，自己沒有被指責的理由。女兒不要被媽媽同化，要反問媽媽說的話，把問題扔回給媽媽。

「所以媽媽不喜歡我吧？不管我做什麼，妳都不喜歡，不是嗎？把我和別人家女兒比較。」

「別人家女兒送媽媽名牌包包，可是妳替我做了什麼……幫我出了補一顆牙齒的錢就炫耀？妳為我做了多少事？」

「原來媽媽妳一直希望從我這裡得到回報嗎？怎麼辦呢？我已經累了……反正不管我做什麼，媽媽也不會說好聽的話，我要放棄了，我沒有信心了。」

女兒要像這樣宣布，並練習避開媽媽。

一開始會很尷尬，但請女兒慰勞自己這段時間疲憊的情緒吧。為了不受媽媽影響，女兒該把心思放到別的事上，讓自己忙起來。我現在已經是大人，就算沒有媽媽也能獨立生活，所以不要被情緒影響，浪費掉人生，要好好過自己的生活才行。

停止把情緒浪費在媽媽身上，專心做別的事吧，忙碌生活的同時，也要尋找能忘記媽媽，讓自己幸福的興趣與愛好。等過了一段時間，媽媽會裝可憐、裝難受，或是威脅，想辦法讓女兒關心自己，到了那時候，女兒也不要被動搖，要堅決地只對媽媽說需要說的話，態度堅定。這需要很長的時間與極大的耐性，有可能是一場漫長的戰鬥。

成為壞女兒的練習

如果媽媽傷害了女兒的心，或對女兒施暴的話，現在就得挺身對抗。妳是比任何人都珍貴、寶貴的存在，不應該受到那種待遇，要堂堂正正地說出自己的意見。

指出媽媽的態度

- 「媽媽，這種話只有沒水準的人才會說。」
- 「媽媽在家裡和外面表裡不一，英淑阿姨也知道嗎？」
- 「我要問我朋友，這樣子對家人口不擇言，隨便亂說話是對的嗎？」

自尊越低的人越容易指責他人

- 「經常怪別人的人是因為低自尊，媽媽好像也是低自尊的人。」（媽媽聽到這句話有可能會勃然大怒）
- 「媽媽罵我，是想隱藏自己的沒用吧？」

把從媽媽那裡聽到的冷酷言語還給媽媽

- （對每件事都說「妳好好做」的媽媽）「媽媽才要好好做才對。」
- （把平常媽媽說的那些令人生氣的話）「媽媽不是常常對我

說這句話嗎？」

讓媽媽知道不該指責我

- 「媽，我和妳之所以行事處世的方法不同，那是因為我比妳成熟。」
- 「媽媽連這個都不知道嗎？但我知道。儘管妳總是覺得我不夠好，但那不是事實。」

當媽媽責備我時，不要反駁，認同吧！

如果媽媽說「妳真是個壞女兒，怎麼可以這樣對我」，那就打斷媽媽的話，這樣子回答吧：

- 「對，我就是個糟糕的女兒。」
- 「沒錯，我本來就是這樣的人，這也是沒辦法的事。」

只有在女兒有一定的力量，對媽媽的恐懼心與緊張感降低時，才能使用這種方式；如果女兒草率地使用了這些方法，反而會受到更嚴重的威脅和脅迫。首先，在女兒內心產生力量之前，女兒要和媽媽保持距離。等到不管媽媽對我說什麼都沒關係，不再害怕媽媽，不再想在媽媽面前維持好女兒的形象，能放棄媽媽的話，證明女兒的內心正在產生力量。到了那時，女兒再對媽媽說這種話吧，讓媽媽不再瞧不起妳。

女兒盡量不要在意媽媽的情緒，與她保持距離。女兒需要有「既然媽媽不尊重我，我也不需要尊重媽媽」的強烈決心，也不用打電話給媽媽。雖然媽媽可能會問「妳連一通電話都不打來嗎？」女兒只要說一句「我很忙」然後掛斷就好。如果一味逃避的話，媽媽可能會奪命連環call，或直接上門找人，到時更麻煩。女兒要採取「隱約地」迴避，拿工作忙碌當擋箭牌。如果媽媽說「我們談談」，女兒就說「我沒有事要和媽媽談，而且妳不是不喜歡我嗎？我不想聽妳發脾氣，太累了。」女兒越想迎合媽媽，渴望獲得媽媽的體諒，就越容易被媽媽的情緒制約，母女之間的情況也不會有所改變。

回想自己和媽媽有多親近

- 過去我和媽媽多久見一次面（每天／每週／每隔幾天見一次等）。

- 我和媽媽每次見面多久？（一整天／兩、三個小時等）。

為了自覺地和媽媽保持距離，打算怎麼做？

- 為了不再在意媽媽，我要專心考證照。
- 為了不再在意媽媽，我打算做運動。
- 為了不再在意媽媽，我打算搬到遠處。
- （　　　　　　　　　　　　）

「原來那時候妳很難受」我內在的孩子需要安慰

女兒要和媽媽保持距離並不容易。如果女兒過去承受了很大的痛苦，不知如何進行的話，就需要接受專家的幫助。女兒如果能學會不在意媽媽，挖掘其他樂趣，保有生活的獨立性，媽媽就會在女兒周遭打轉，溫順地看著女兒，渴望女兒能聽她說話。這時候，媽媽會像回到她的童年一樣，過去想從漠不關心她的外婆身上得到愛的媽媽，現在想從女兒身上獲得愛而看女兒的臉色。

媽媽回到了小時候，回到外婆冷漠、不關心她的時期。當年，外婆會用指責的方式表現關心，媽媽誤以為指責就是關心，所以媽媽長大後表達愛的言語也是指責，而女兒無法從指責中感受到愛，長時間迴避母親，對媽媽的「愛」沒有反應。媽媽覺得孤獨疲憊，終有一天會認真地聽進去女兒說的每句話，到了那時，母女就能重建關係。

如果女兒告訴媽媽要怎麼給予適當的讚美與表達愛，媽媽會因為女兒的愛而改變。媽媽把自己從外婆身上獲得愛的方式——冷靜、冷漠又控制慾強的錯誤母愛，轉移到女兒身上。媽媽在不知道自己想要什麼樣的愛的情況下，把自己接收過的方法運用到女兒身上，喜歡強勢命令女兒服從、嚴密監視女兒，這樣才能安心。因為外公、外婆沒有給媽媽足夠的愛，才形塑出現在渴望愛的媽媽。

假如女兒理解媽媽，願意替媽媽做點事，有個方法可以辦到——女兒成為媽媽的媽媽，代替外婆去愛媽媽。女兒與媽媽越是保持距離，媽媽就會把女兒的不關心連結到過去外公、外婆的不關心，再次變成渴望被愛的乖孩子。雖然不容易，但女兒可以用重新開始的心態，主動建立不同於以往的母女關係。我強調一次，這不容易，需要時間，而且女兒要有耐性，要願意忍受痛苦。不管女兒的愛有多深，如果媽媽不知道，那就是白忙一場。女兒需要喚出媽媽內心深處渴望愛的孩子，重新教她愛人的方式。

想像一下獅子和牛墜入愛河吧。獅子一直給牛自己喜歡的肉，表現愛意，而牛一直送給獅子草，這樣下去，雙方只會加深矛盾。女兒不要以為無止盡地愛媽媽、可憐媽媽、對媽媽好，媽媽就會改變，明白自己的心意。除非媽媽重新學會愛人的方式，否則事情是不會改變的。女兒下定決心並實踐，一手拿鞭子、一手拿棍子，軟硬兼施，就能讓媽媽得到外婆沒給過她的愛。

我真的是個不錯的人

如果女兒不想做到這種地步，那麼女兒只要和媽媽保持距離就夠了。遺憾的是，光憑這麼做，女兒無法擁抱與治癒媽媽所有的傷痛。女兒不要過度忽略自己的傷痛，和媽媽保持適當距離，把心中的能量送給自己體內幼小的孩子，回顧小時候自己受到的傷痛，與那個孩子產生共鳴吧。

這也需要時間，不是一夕之間就能有變化的。女兒不要再聽媽媽沒頭沒腦的指責，過自己的生活吧！女兒要清楚認知媽媽的指責並不是真的，要學會保護自己，去找能愛惜與保護自己的人，獲得力量，治癒怯懦易受傷的心，知道自己是個很不錯的人。

成為壞女兒的練習

每個人小時候都被媽媽罵過，但媽媽是否教養過當？或明明不是我的錯卻變成了我的責任？如果有，那麼即使是現在，女兒也應該告訴小時候的自己：「那不是妳的錯。」

小時候被媽媽罵的時候有什麼感覺？

- 被媽媽罵的時候，我覺得很害怕。
- 在別人面前被罵的時候，我覺得很丟臉、很難為情。
- 在媽媽不分青紅皂白罵我的時候，我覺得很煩躁也很生氣。

小時候被媽媽罵的時候有什麼想法？

- （　　　　　　　　　　　　）
- 以後要小心不要做會被罵的事。
- 我為什麼是這副德性？我得變強才行。
- 不要失誤，我要完美才行。
- （　　　　　　　　　　　　）

安慰小時候的自己

- 妳想得到媽媽的愛和理解，卻每天都被罵，一定很難過吧？
- 妳那麼想得到媽媽的肯定，一定很傷心吧？

•妳現在的樣子也很不錯！犯錯也沒關係！

•（　　　　　　　　　　　　）

女兒承擔起媽媽的情緒，認為「只要我給媽媽愛，我做得好，媽媽就會幸福」。當女兒替媽媽的情緒負責，媽媽就無法自己解決問題。女兒覺得「我這樣幫媽媽，媽媽一定會很高興」而心甘情願替媽媽解決問題，但媽媽的情緒並無法透過女兒的努力獲得解決，不管女兒做得再好，媽媽都會覺得天經地義，對女兒說一些難聽的話，讓女兒受傷。倘若我們身邊有這樣的人，即使那是媽媽，也不要太親近她，這有助於精神健康。

情緒獨立才能算是真正的大人
我的人生與媽媽的人生

變成毒藥的母愛

媽媽的過度保護會養出媽寶。雖說剛出生的孩子依賴父母的幫助，但在成長過程中，孩子會學會自己的生存方式，逐漸適應這個世界。此時，媽媽的過分干涉與關心會養出依賴與被動的孩子。當孩子吃飯掉了飯粒或是沒吃飽，孩子會覺得媽媽替自己擦嘴巴，把菜放到湯匙上是很正常的。

更重要的是，就算孩子會犯下一些錯誤，父母也要訓練孩子自己動手做，諸如穿襪子、穿衣服、刷牙等日常瑣事都應如此。就算孩子動作慢，生疏，犯錯，父母也要耐心等待，鼓勵孩子自己動手做。

假如在孩子的成長期，有媽媽在一旁無微不至地照顧，干涉孩子的一舉手一投足，孩子會失去解決自己問題的機會，也失去了獨立自主性。孩子因為沒機會面對與解決自己的問題，解決問題的能力自然會變弱。還有，孩子因為爸媽會滿足自己的要求，思考能力也會隨之變差。

媽媽的過度保護對女兒的生活造成負面影響，不僅媽媽，女兒變成了不依靠人活不下去的弱者。女兒因為不能獨立生活，因此對生活感到使不上力與憂鬱。媽媽不會希望女兒的人生變成那樣，所以為了讓女兒學會自己解決問題，媽媽得等待才行。

我們不可避免地有需要依靠別人的時候，但當身邊有人希望我只照顧他，一旦我不照顧他的時候，我們的關係就會產生矛盾。對方認為我得照顧他才行，而從小在過度保護的環境下長大的女兒，婚後也會希望有人照顧自己，依賴先生和女兒；反之，小時候沒人照顧的女兒，長大後相對成熟，懂得照顧他人，婚後也會過度照顧自己的女兒。

必須要照顧某人的執著

女兒要認知到從小養成的習慣，擺脫需要過分依賴與渴求照顧的模式，有需要幫助的時候能獲得幫助，而當有人需要幫助時也能給予幫助才行。無論何時，只有單方面的施助是不可取的，可能會造成關係困境。

我也在不完整的家庭中長大，早熟懂事，要照顧父母，而婚後過度保護子女。我環顧周遭，每個人都變成了需要我照顧的對象，我無法依靠或依賴別人，事事只能靠自己，甚至覺得照顧別人更舒服。

有段時間我一邊經營多元文化中心與多元文化學校，一邊募款，身心俱疲。因為我的全身都在抗拒得到別人的幫助，凡事憑藉鋼鐵意志，堅持到底。

每當我得到別人的幫助，我就會淚流不止，因為我覺得自己不是一個人，他人的支持帶給我很大的力量，使我幸福。助人可能會驕傲，受助於人可能會矮人一截，但在人際關係中，即使是經常施助的人也需要虛心接受別人的幫助。透過這些經驗，我明白了我過去的生活多麼扭曲，也明白童年經歷對我造成的影響有多大。我把小時候渴望獲得的愛與依靠分給了別人，卻沒照顧好自己，我從我一直以來的扭曲觀念中醒悟，那就是覺得照顧別人的人才是不錯的人真是大錯特錯。

在那之後，我變了許多，儘管生疏，但我會刻意地接受別人的幫助，拜託別人，請求別人施以援手。我滿足內在需求的同時，享受到另一種喜悅：我放下了人生中我得去幫助誰的沉重包袱。

我也從別人那裡獲得了珍惜自己的時間，也檢視我給女兒的愛，看我是不是增強了女兒的依賴性，嘗試重建母女關係。我會向女兒提出一些要求，也會請她幫我。女兒對這種突然的改變感到不舒服，當面告訴我「我不想長大」，害怕並抵抗現實。這又是另一個得等待的過程。

媽媽是媽媽，我是我

媽媽把女兒和自己視為一體，溺愛女兒，怕女兒和自己一樣吃苦。但媽媽需要自己的人生，女兒也需要自己的人生。兩個人都得意識到彼此是截然不同的個體。

媽媽需要為自己著想的事

- 小時候是不是照顧自己的媽媽，長大要照顧女兒？（習慣性照顧他人）
- 人生中有沒有照顧過自己？現在正在替自己做什麼呢？（把重心放在自己身上）

女兒會因為自己的無能而痛苦，會因為失去獨立性與主動性的人生而自責。女兒一方面會覺得媽媽很了不起，一方面自我厭惡為何不能活得像媽媽，變得無力。如果女兒一直活在媽媽的保護下，會排斥靠自己的力量去完成事情，只要覺得一丁點累就會依賴媽媽出面解決事情。媽媽的幫助變成了日常，媽媽會整天費心思幫我，當我遇到困難，媽媽即使生氣還是會像風一樣地跑來，幫我解決問題。女兒要從這種母親手下獨立，絕非易事。

女兒有時會想違抗媽媽的話，這也不容易，因為女兒潛意識會覺得違抗媽媽的話，好像會發生不好的事，結果通常會演變成女兒又煩躁又不得不聽媽媽的話的情況。既然天下沒有媽媽解決不了的問題，那麼就乖乖地聽媽媽的話吧。

然而每當這種時候，媽媽替女兒解決問題，女兒雖享受到肉體上的舒服，心裡卻不舒服。在媽媽無盡的控制中，媽媽不相信也不放心女兒，會再三確認情況。已經長大的女兒發現自己不被媽媽信任，會是什麼心情呢？因為媽媽，女兒無法發揮判斷力，但人的身體成長，年紀增長，心也應該成長才行。當女兒只有身體長大，心還停留在小孩子階段，就無法正常發揮成人應有的能力。來吧！女兒到了下定決心從媽媽那裡獨立的時候。雖然會很辛苦，但女兒必須有成為大人的決心。如果女兒下定決心獨立，那麼就得用上過去沒用過的力氣，而過去依賴在媽媽懷抱中，不曾感受到的不方便感，就會隨之而來。

女兒會覺得很難戰勝這種情況，會想逃避，會想起每次感到辛苦與困難時，就幫忙解決問題的媽媽。但是，女兒必須戰勝這一切。首先，女兒用自己的力量解決過去依賴媽媽的日常吧。舉例來說，如果女兒已經夠大了，經濟上卻還依賴媽媽，那麼最好從現在開始自己賺錢、存錢，用自己賺的錢買想要的東西，或去想去的地方旅行，也可以送媽媽禮物。這將成為女兒明白「我也是有經濟能力的成人」的契機。

女兒要改變過去的依賴性，投入巨大的能量去獨立完成一些事，還得重新醒悟到自己的無能。反正本來就沒人一開始能做得好，就一步步慢慢來吧。降低對自己的期待，保有餘裕，若不這樣的話，女兒又會因為失敗而失望自責，又想逃跑。無論如何，女兒最重要的是要有堅定獨立的決心。

成為壞女兒的練習

要放棄長久以來的生活方式去建立新生活，並沒有那麼簡單。女兒要擺脫習慣性依賴，成為獨立的大人，就需要不斷地自我暗示。女兒要提醒自己：我為什麼要改變、要改變就得做到哪些事。女兒必須相信自己能做好，並堅定決心。

如果妳對突如其來的獨立決定感到憂慮，那就好好地同理自己的心吧！

- 原來要離開媽媽，自己獨立，讓我這麼地不安又擔心啊。

- 原來我每件事都希望一開始就能做得好啊。
- 原來我很難相信自己能做得好，很不安啊。
- 原來我想著「如果媽媽一開始就給我自己動手做的機會……」，很埋怨媽媽啊。
- 如果我擔心不依靠媽媽，媽媽會難過或怪我啊。
- 原來我擔心媽媽沒有我是不是會沒事啊。
- 原來我在擔心與不安未來還沒發生的事啊。是啊，不安很正常！擔心也很正常！
- 沒關係，這不是我很奇怪，事情本來就會這樣！
- （　　　　　　　　）

替自己的獨立加油吧！

- 我可以犯錯，做得不好也沒關係。
- 從媽媽身邊獨立是為了自己好，多加把勁吧！
- 就算從媽媽身邊獨立也不會天崩地裂。
- 媽媽有可能擔心或埋怨我，但這不是我的錯。
- 一開始會很辛苦，但戰勝吧！
- 很累吧？再加油一下，我可以做得好。
- （　　　　　　　　　　　　）

我建議女兒一天照兩次鏡子，同理並照顧自己當下的心情，向自己下暗示，讓自己產生信心，穩定內心，鼓起勇氣。他人的共鳴與支持只是小小的鼓勵，自己的意志帶來的力量才是最大的。當女兒學會支持自己的決定時，內心就會湧起新的力量。變化只有在自己主動嘗試時才會到來。

很多女兒說因為媽媽心累，和媽媽無法溝通，問我要怎麼才能改變媽媽。我建議，女兒不要等媽媽改變，自己先改變吧。自己不先改變，媽媽就不會變。自己先變，媽媽也會變。

不是因為愛得少，而是因為愛得多

不侵犯且尊重彼此的關係

「我怎麼能不理媽媽？」

養育子女對每位父母都不是輕鬆的事，但有些母親會在無意識中灌輸女兒「妳長大以後不能不照顧媽媽」的觀念。

「媽媽能依靠的只有妳。」

「妳以後長大要照顧媽媽。」

「妳知道我是怎麼養大妳的吧？我省吃儉用，辛辛苦苦地拉拔妳到大。」

這種觀念在女兒小時候已經根深蒂固，「慈烏反哺是應該的」，所以大部分的女兒婚後也會盡所能地撫養母親。媽媽依賴女兒生活，把女兒的照顧視為理所當然，堂堂正正地要求女兒滿足自己的需求，而女兒也習慣性滿足媽媽的需求。這對女兒來說，是一種不可違逆的規則與信念。

站在女兒的立場上，女兒認為自己是害媽媽吃苦的罪人，很抱歉，從小聽著「妳要是不理媽媽，妳就不配當人」的話長大，認為撫養媽媽是本分，一想到不撫養媽媽就自責，因此女兒長大獨立或婚後也會照顧媽媽。

女兒很難自己意識到並擺脫這種情況，因為女兒從小就聽著「媽媽需要妳」、「媽媽需要我，因為我才活著」，這種觀念已經根深蒂固，導致女兒努力守護媽媽，討媽媽歡心。女兒在滿足媽媽需求時才會感覺到自己的存在價值。反之，無視或拒絕媽媽時，女兒會覺得自己變成壞人，因此女兒很難獨力擺脫現狀。

沒有什麼是「理所當然」的

媽媽為什麼會對女兒說那種話，造成女兒的壓力，想依賴女兒過下半輩子呢？媽媽為什麼無法控制情緒呢？媽媽從小就靠別人生活長大，經濟弱勢的情況下養大女兒，所以感到很吃力。她為了女兒發揮出為人母的最大力量，撐了下來，認為自己的付出應當得到回報，女兒長大照顧自己是很應該的。

但媽媽並不能了解女兒的心與立場，因為每個人都是從自己的心出發，無法了解他人的心，也很難客觀地看待別人的處境。對需求像無底洞一樣的母親，女兒必須讓她意識到問題出在哪，與她為什麼會那樣。

女兒要做的第一件事就是向媽媽提問，讓媽媽能知悉自己的狀態。

「對媽媽來說，外婆是怎樣的媽媽？」

「外婆以前很忙，媽媽一個人包辦所有的事，媽媽總是一個人。」

「媽媽小時候想從外婆那裡得到什麼？」

「這個嘛……媽媽做小菜給我吃，還希望我留在家裡陪妳，原來媽媽不喜歡一個人啊。」

「原來媽媽妳也希望得到外婆的照顧和保護，媽媽那時候一定也覺得很孤獨和辛苦，所以希望得到我的照顧和保護吧？」

女兒和媽媽交流，讓媽媽意識到自己的問題吧。媽媽表面上是堅強的母親，實際上是透過威脅與利誘女兒，滿足自己的慾望。媽媽會否認道：「我哪有這麼自私？」女兒要用自己的方式讚美與感謝辛苦的媽媽，同時坦白心意與想法：「媽媽，我也想得到妳的保護，我也想依靠、依賴媽媽。」

會依賴女兒的母親通常是以下兩種之一：

- 在大發雷霆的同時會威脅與控制他人。
- 看起來嬌柔無力，刺激他人的保護慾（強迫子女履行義務，實則背後操縱）。

上述兩種類型的媽媽外表看似不同，但殊途同歸，都是想依靠與控制女兒，想獲得女兒的愛。媽媽很死心眼，認為聽自己的話，能體會自己心情，會好好照顧自己的就是好女兒；反之，不顧念自己的心情的就是壞女兒。這種媽媽的觀念與道德觀扭曲，極度自我中心。如果女兒能引導媽媽客觀地審視自己的狀態是最好的，但假如做不到，就請求專家的援手吧。

好女兒情結

女兒也得考慮自己，而不是考慮媽媽。如果女兒從小努力成為父母能依靠的好女兒，有可能會被「好孩子」情結折磨。通常女兒會意識到好孩子情結的契機如下：

「媽媽跟朋友借了一點錢，妳幫我還吧，妳是個孝順的女兒啊。」

媽媽過於理直氣壯的模樣，女兒察覺到有什麼不對勁，但在好女兒就是得乖巧聽話、扛起父母生計的觀念下，女兒來不及思考。女兒因一肩承擔父母大大小小的事而痛苦，媽媽則用「我們養大了妳，妳不只要負責我們的生計，還得承擔我們的債務」的牽強邏輯，說「因為妳是個好女兒」，推卸自己的責任。媽媽主張如果女兒不滿足需求就是不孝；反之，滿足需求就是孝順，無限度地依賴女兒。媽媽越依賴女兒，提出的要求就越過分。

假使女兒拒絕了她一次，她就會覺得被背叛、難過，而女兒就會淪為媽媽心中的壞女兒。女兒不想淪落成壞女兒，就要選擇忍耐，扛下辛苦的生活。像這種只付出卻得不到回報的母女關係，最後會影響女兒整個人生。

我建議女兒不要再被「好女兒」的藉口給利用了。如果女兒放棄當個好女兒，媽媽會很吃驚，把女兒當成不孝女，重複灌輸一直以來灌輸女兒的觀念，說不定也會威脅女兒。女兒會因為媽媽的威脅而折磨與痛苦，而且那是長期被灌輸的觀念，女兒有可能覺得那才是正確的。但事實不然，就算媽媽說女兒很不孝，我希望女兒也能安慰自己、告訴自己「我沒關係」，直接當個不孝女吧。成為不孝女才能解決問題。

媽媽期望的好女兒將永遠無法擺脫現狀，所以，我希望女兒不要再被「好女兒」的形象束縛，下定決心成為壞女兒吧。父母的標準與觀念不全然正確，父母訂的好女兒標準是為了誰好？難道不是為了自己嗎？父母嘴上說這是為了女兒好，假裝寶貝女兒，但這些最終只是父母挽留女兒、要女兒照顧自己才說的話。記住，這並不是為了妳說的。

現在開始也能有所改變

小時候的感受，長大後也不會有太大改變，過去女兒對媽媽的期望落空，長大成人後仍然抱著總會實現的期待。看一下年幼的自己的心情吧，女兒必須理解內在孩子的情感，與之共鳴，明白年幼的自己有多麼難受與不安，並劃出即使是母親也不能逾越的界線。

大部分的女兒不知道自己小時候全力以赴迎合媽媽的期待，因為女兒會看到媽媽因為我努力而幸福，媽媽看見乖巧的我而感到滿足。因此，女兒無法認知到內心痛苦。另一個原因是，周遭的人喜歡讚許聽話的乖女兒。

「妳真成熟。」

「一個孩子怎麼這麼穩重啊。」

要女兒擺脫過去被讚美與被肯定的時期不容易。過去媽媽對女兒的依賴帶給女兒滿足感，以致女兒現在很難擺脫這個狀態。但等到以後女兒疲憊或生病，就會後悔自己從前太為別人而活，沒能享受自己的人生。女兒得記住小時候的自己有多心累。

成為壞女兒的練習

我為什麼長大對媽媽還是戰戰兢兢的？從兒時記憶尋找答案吧。

小時候我從媽媽那裡聽到什麼話？

- 妳真乖。
- 妳真聽話。
- 都是因為有妳，我才能活下去。
- 看到妳我就覺得累。
- （　　　　　　　　　　　　　　　）

聽到那句話，年幼的我的心情如何？

- 聽見別人說我很乖，媽媽很幸福，所以我也很開心。
- 看到媽媽這麼高興，我以後要更聽話。
- 媽媽是因為我才活著，幸好我成為媽媽活著的力量。
- 媽媽說我讓她累？我要做得更好，成為媽媽的力量。
- （　　　　　　　　　　）

小時候的我想從媽媽那裡得到什麼？

- 我希望媽媽幸福。
- 只要媽媽開心就夠了。
- 我希望媽媽不要因為我覺得辛苦。

- 我希望媽媽因為我而開心。
- （　　　　　　　　　　）

小時候的我想從媽媽那裡得到卻沒得到的是什麼？

- 我累的時候和媽媽吐苦水，希望得到安慰。
- 希望我對媽媽發牢騷、鬧脾氣，媽媽也能接受，不要傷心。
- 希望媽媽能有大人的樣子。
- 希望媽媽不要只想著自己的心情，也關心我一下。
- （　　　　　　　　　　）

小時候的我有因為媽媽造成的負面情緒嗎？

- 要是媽媽因為我累死怎麼辦？好不安。
- 媽媽不開心，好像是因為我。我覺得很不自在也很抱歉。
- 要是不順著媽媽的情緒，媽媽大概會生氣……好緊張。
- 不聽媽媽的話就糟糕了，不知道會發生什麼情況。好擔心。
- （　　　　　　　　　　　　）

幸福的女兒長大後會成為好媽媽

克服與成熟

沒能從媽媽身上學到父母真正的角色

當媽媽做出不像父母的行為時，女兒會在心底高喊：

「我以後絕對不會變成那種媽媽。」

但當女兒成為母親後，會開始模仿過去所厭惡的行為。現在是從某人的女兒變成某人的媽媽的時候了，女兒必須回顧自己的童年，確認是否把自己沒被滿足的需求反映到下一代身上。

不過，沒能擁有一位好媽媽的女兒，長大後要成為一位好母親並不容易。因為人生中，沒人教我們怎麼當父母，我們只能觀察與模仿上一代，學習父母該是怎樣的人，該做出什麼樣的舉止。上一代正直明智，下一代長大成人後，自然而然地會成為好父母，會想著「換成是我媽，她會這樣養育我」，模仿育兒。遺憾的是，擁有好父母對某些人來說是痴人說夢，他們的腦海中無法描繪父母應有的模樣。

在那個只需要餵飽就夠了的年代

什麼樣的媽媽才是好媽媽？在哪裡能找到標準？看市面上的育兒書或當好父母的書，就能成為好媽媽嗎？看 YouTube 影片或關於子女教養的演講影片，就能成為好媽媽嗎？我的媽媽是好媽媽嗎？你喜歡媽媽的哪一面？反之，不喜歡媽媽的哪一面？

在過去的社會，人們生活環境普遍困難與貧困的年代，父母對子女教養不感興趣。在那個時期，只要父母不犯大錯，子女就不會討厭或厭惡父母。能滿足孩子的食衣住行等物質所需的就是好父母，子女也不會對父母有更多的期待，父母對孩子的要求也不多。子女得學會自己解決問題，獨立自主並成長。

這個世界，要當好媽媽不容易

然而，隨著社會快速發展與物質環境豐饒，人類社會也跟著產生變化。補習的熱潮高漲，無論是什麼課程，只要跟「子女教育」沾上邊，父母無所不用其極，把孩子送去學習。父母替孩子準備了琳琅滿目的補習課程，對子女教育充滿關心與熱情，但孩子的獨立自主性卻反而下滑。

按現代的標準，什麼是好媽媽？重視子女教育的才是好媽媽嗎？父母不僅要關心子女的外在，也要重視子女的內在，假如父母僅側重於眼睛能看見的部分，可能會錯過真正重要的部分。

有專家表示，父母絕對不能對孩子發脾氣，那樣會毀掉孩子。當然，如果父母單方面發脾氣，孩子就會變得膽小畏縮，看父母的臉色做事。而生氣的父母的心情如何呢？父母會因為歉疚，會想掩飾自己的錯誤，有時還會過分合理化孩子的錯誤，或是下次遇到該生氣的情況卻選擇迴避。這時，父母也會陷入混亂，無法看清真正問題。不過，如果父母不發脾氣，選擇不斷地壓抑情緒，在反覆壓抑與爆發的循環影響下，父母會情緒失控。

在生活困難的年代，媽媽對子女的教育不僅一無所知，也沒有餘力關照到這方面。媽媽不是故意不教孩子，而是家庭環境不允許。因此，過去的女兒對媽媽大多寬容，我們時常能見到家境貧寒的女兒不怪家裡沒錢，反而感激守護自己長大的媽媽，願意照顧媽媽。

但現代的媽媽就算無微不至地照顧女兒，還是會被女兒罵。比起上一代父母，現代媽媽在教育女兒方面下了更多工夫，也提供更好、更關懷的環境養大女兒，但母女關係反而彆扭，這是為什麼呢？

女兒變得無精打采的原因

現代的媽媽對女兒抱有高度期待，同時鞭策自己成為一個好母親。然而，只有母女情緒相通，心意相連，母女才能互相理解。現代的媽媽期待女兒擁有美好光明的未來，費心替女兒的人生鋪路，為了女兒活出比自己更精采的人生，不惜提供一切幫助。

女兒出生的那一刻，媽媽會感到無比幸福，有一個生命全心全意地看著我，渴望我的愛，孩子沒有我不行，我是被需要的存在，感覺像擁有了全世界。媽媽幸福地笑，孩子也會跟著幸福地笑；媽媽鬱悶，孩子也會鬱悶。對孩子來說，媽媽是比全世界任何感受都要強烈的存在，這時候媽媽很自豪，覺得自己擁有巨大的力量，滿足於自己的人生。

我也是如此。我滿足了女兒的需求，陪在她身邊，我自覺我是一個好媽媽。但那只是我的錯覺，我只看我認為重要的部分，卻忽略其他部分。我必須時時刻刻提醒自己，我想要的和女兒想要的是不一樣的。只有媽媽承認彼此的不同，彼此都能舒服地望著對方時，才能成為一個好媽媽。

在媽媽當上母親後，時常會感到壓力與負擔，既不安、憂慮，又想教養出好女兒。女兒早起又勤快，媽媽就會覺得自己是個不錯的人；女兒懶惰、遊手好閒，成天在家無所事事，媽媽就會覺得自己教育方法出錯，為了把女兒引回正途，一大早叫醒女兒，想辦法養成女兒勤快的習慣。媽媽和女兒的矛盾從此開始。

媽媽越氣女兒不懂自己的心，女兒的行為就越叛逆，有時女兒為了和媽媽賭氣，故意自暴自棄。媽媽不放棄，想盡辦法改正女兒的行為，或大聲威脅女兒，或動手體罰，但女兒依然故我。

「我希望女兒度過愉快的校園生活，有優秀的成績。」

「我女兒太懶惰了，每天睡得像屍體一樣不省人事。」

「我很鬱悶也很失望，不想看到她那副德性。」

媽媽抱怨搞不懂女兒的想法，但媽媽究竟是為了誰努力？媽媽們常常這麼想：

「我要好好養育女兒。」

＝「我要把她教育成對學習與工作都有熱情的人。」

＝「這樣女兒才會成功。」

＝「我必須改變我的女兒。」

只要是人，都會遇到心裡過不去的事，會整天無精打采地躺平。媽媽要理解女兒為什麼會這樣，為什麼遊手好閒，整天躺著不動。我的女兒有哪裡過不去嗎？在煩惱什麼嗎？我是不是有時傷了她的心？她是不是被別人傷害了？媽媽要給女兒表達自己內心的機會。

不用多說，媽媽肯定會想養出一個勤奮努力，認真生活的女兒。養出好女兒的媽媽會覺得自己是好母親，反之會覺得自己是壞母親而自責。媽媽把自己投射到女兒身上，媽媽不希望看到女兒躺平的模樣，是因為女兒的無精打采有時也會影響到媽媽，媽媽會變得跟女兒一樣，整天躺著不動或睡覺。媽媽為了避免這種情況，會想著「我得好好養女兒，不能讓她像我一樣」，但媽媽應該要擺脫這種想法才對。

當我們需要成長為某人的母親時

四十多歲的媽媽擔心十多歲女兒的交友問題。女兒個性膽小，在交友上遇到困難，儘管媽媽已經是四十多歲的大人，也當了母親，但因為沒在娘家媽媽那裡受到好的影響，自己在成長過程中遇到困難時，沒有任何大人幫她解決，形成這位媽媽習慣性逃避問題，害怕遇到困難，解決問題的能力不足，因此，也完全不知道如何引導女兒。

在媽媽當上媽媽以後，看到女兒因為交友關係遇到許多問題，自己卻不知如何是好，雖然因為害怕一度想逃跑，但又不能不顧女兒的痛苦。這時候，媽媽該怎麼幫助女兒呢？

首先，媽媽要區分自己與女兒的情緒。媽媽之所以害怕，幫不上忙，渾身像冰塊一樣發涼，是因為過度代入自己的情緒，把女兒的問題當成自己的問題，導致無法客觀看待，並忐忑不安。

每個人在人生中都會遇到困難，我們要在連續不斷的困難中培養解決問題的力量，學會面對、不逃避。問題並不會因為逃避而消失或被解決，即使媽媽沒給過我好的影響，我依然能成為女兒的好媽媽。

媽媽要認知自己的問題，不要逃避與恐懼，面對現在自己的狀態。媽媽認知自己的問題後，客觀看待女兒的問題，替女兒加油吧。要實現這個過程，媽媽得先覺察小時候所經歷的痛苦，更加理解年幼的自己的內心。

成為壞女兒的練習

小時候想從爸媽那得到卻沒能得到的是？

- 希望爸媽能替我做充滿愛的飯菜。
- 希望爸媽能用親切的表情看我，對我笑。
- 希望爸媽能在我放學回家時問我今天過得怎麼樣。
- 希望在我遇到困難時，爸媽能給我明智的解決建議。
- （　　　　　　　　　　　　　）

沒被媽媽關心的我是怎樣的女兒呢？

- 我是擔心媽媽辛苦，很擔心媽媽的女兒。
- 我是害怕媽媽離開我，替自己著想的女兒。
- 我是能給媽媽力量，幫助她的女兒。
- 我是會因為媽媽需要我而感到開心的女兒。
- （　　　　　　　　　　　　　　　）

（如果你已經為人父母），現在的妳是怎樣的媽媽？

- 我是給女兒力量的媽媽。
- 我是溫暖包容女兒一切的媽媽。
- 我是幫不了女兒的不完美媽媽。

・我是讓女兒反過來擔心我的媽媽。

・（　　　　　　　　　　　　　　）

（如果你已經為人父母），妳希望自己的女兒過怎樣的生活？

・我希望女兒能過著被人愛，舒舒服服的生活。

・我希望女兒能過得幸福，不要太辛苦。

・我希望女兒能因為有我而感到幸福。

・我希望女兒不要過孤身奮鬥的生活。

・（　　　　　　　　　　　　　　）

做為媽媽，當妳回顧自己時，不喜歡自己的哪些模樣？

- 我是媽媽卻很懶，不勤勞。
- 我是媽媽，但每件事都輕言放棄。
- 我是媽媽，但一旦陷入無力裡，就很難擺脫，會長時間無精打采。
- 我是媽媽，但情緒起伏大，容易變得憂鬱。
- （　　　　　　　　　　　　　　）

妳覺得媽媽應該是怎樣的？

- 媽媽要有毅力。
- 媽媽要堅強。

・媽媽做什麼都要有自信。
・媽媽不會放棄，會堅持到最後。
・（　　　　　　　　　　　　　　）

看到做不到上面事項的自己時，妳有什麼感覺？

・很氣自己。
・對自己很失望也很鬱悶。
・很慚愧，感到丟臉。
・很憂鬱或很無力。
・（　　　　　　　　　　　　　　）

看見自己的女兒很懶惰時，妳有什麼想法？

- 就算我這麼關心她，她還是那副德性。
- 給她這麼好的環境，她到底還有哪裡不滿意？
- 我應該做什麼才能改正女兒呢？
- 我有什麼對不起她的嗎？
- （　　　　　　　　　　　　　）

我希望女兒是怎樣的？

- 希望女兒和我不一樣。
- 希望女兒努力，不要放棄。
- 希望女兒不管做什麼都很勤勞。

- 希望女兒能正向思考，有自信。
- （　　　　　　　　　　）

孩子耍叛逆，跟我唱反調時，我的心情如何？

- 擔心孩子日後無法出人頭地，走上歧途。
- 很煩躁，怕我沒辦法教育孩子成為好孩子。
- 很委屈，我這麼努力，孩子卻想一些有的沒有的。
- 很不安，害怕身邊的人看見我和孩子的關係，會在背後說三道四。
- （　　　　　　　　　　）

我對孩子有什麼期待？

- 聽父母的話。
- 好好讀書，平安成長。
- 希望能記住我，照顧我。
- 希望能理解我的辛苦。
- 希望了解我的辛苦，不要讓我傷心，當個乖孩子。
- 希望常常把我放在心底，長大孝順我。
- 希望能喜歡和我在一起多過和朋友在一起。
- （　　　　　　　　　　　　）

長大成人後當上媽媽的我，有什麼渴望或情緒嗎？

- 我想要依靠某人。想依賴某人。好孤獨。一個人好累。
- 我應該要做得很好才對，但擔心自己做不到。
- 對自己很失望，討厭像傻瓜一樣的自己。
- 如果愛我的話，希望有人能照顧我、體諒我。
- 我需要有人照顧我，我覺得這樣才對。
- （　　　　　　　　　　　　　　　　）

我是不是利用女兒滿足自己的慾望？

- 完全不是。
- 偶爾會有那種想法，但努力壓抑著。

- 有點吧。
- 就是這樣沒錯。
- （　　　　　　　　　　　　）

來吧，一一檢視吧，身為母親的我想從女兒身上得到的，很有可能就是自己想要的。當媽媽讓女兒做自己做不到的事，且用否定感情的方式養大女兒，女兒長大很有可能變得和媽媽一樣，低自尊與低自信。不過，當媽媽懂得愛自己時，媽媽就能成為好媽媽。

說不定問題從這裡開始
原生家庭的溝通

家人不如外人

自從我看過不健康的母女關係後，我發現不僅母女關係，父女關係、夫妻關係和手足關係不健康的情況也不少見。舉例來說，媽媽掌控家庭，父親卻漠視旁觀，或媽媽的偏心造成手足之間發生矛盾等等。女兒與媽媽的關係也許是整個家庭問題的一部分。

女兒結婚建立新的家庭關係後，過去的家庭被稱為「原生家庭」，簡言之，就是生養我的父母、我和手足的家庭。我們從原生家庭學會與人溝通的方式，在社會上偶爾會看到優秀的人一回家就變了個樣子，這可能是因為沒學會和家人好好交流的方式。

你喜歡你的家人嗎？相信家人嗎？反之，家人也喜歡你，信任你嗎？面對這些問題，你會給出怎樣的答案？也許有人從沒想過這些問題，也許有人會這麼回答：

「因為是家人，就得過且過吧。」

「像仇人一樣，但因為是家人，所以也沒辦法。」

「因為不能斷絕家人關係，所以很辛苦，也很痛苦。」

生活在不和睦的家庭裡的父母、兒女，身心都會生病。雖然是家人，但每個人一回家就惴惴不安，不自在，身體變得僵硬，凡事畏縮。雖然每個人戴上若無其事的面具，實際上，內心又黑暗又沉重，無法從家人身上獲得喜悅，只有責任義務。父母忙著工作，只會告訴孩子該做什麼，不該做什麼，沒時間交流或分享生活。一家人相處不舒服，故意迴避彼此，在外面反而感覺自在。

父母從孩子的身上感到絕望、無力、孤獨與悲傷。孩子每天都忍耐著無法化解的憤怒與厭惡，他們渴望父母理解的心情被壓抑、積累，化為憤怒爆發。看到這種情景，我都會感受到他們的絕望與痛苦，為之遺憾。

痛苦的家人關係要怎麼樣才能變得和睦呢？我們應該了解自己想要什麼，感受到什麼，想要什麼樣的生活。你真的知道你珍貴的家人因為你變得多不舒服和不幸嗎？人很有可能沉溺在自身痛苦中，不知道何謂幸福。每個人都需要時間了解自己的心與自我。以下是需要觀察的事：

- 我的父母受到過什麼傷害？
- 我從原生家庭那裡學到了什麼規則？
- 我看著父母的模樣，有哪些想法，我如何描繪我的未來？
- 為了實現這個決心，我付出了哪些努力？
- 從外在看起來，我是怎麼和他們溝通的？

我們有必要仔細了解自己與家人，對自己的客觀認知能幫助我們感受與看穿對方的心，自我客觀化與他人客觀化能幫助我們成為獨立的個體。我能不受傷卻看見對方的傷口，透過對自己的提問與回答，我們能遇見真正的自己，變成幸福的家庭。

溝通的類型

人的樣子有看得見的，也有看不見的，如果說外表與行動是我們外在所能看見的，那麼內心就是無法被看見的。正因為人無法看見別人的心，所以會用外表評價對方，從而失望與受傷，偶爾會上當（所以當一個人表裡不一時，我們會形容他雙重人格或虛偽等）。

每個人都有希望被別人看見的模樣，不知不覺之間會用華麗的外表包裝自己。然而，華麗包裝的外表只有在淺交時才會被看見，一旦彼此深入交往後，就會看見對方隱藏的真實自我，亦即自己不滿意，無法容忍的真面目。我們認為人們不喜歡那個我而隱藏起來，把包裝過的外表供他人評價，營造出「我是個還不錯的人」的形象。戴起面具的我們變得表裡不一，逐漸隱藏自己的真實舉止，結果無法愛自己，也責備他人。倘若我們把發生在自己身上的事怪罪給他人，我們就無法審視自身問題。

知名家庭治療師維琴尼亞・薩提爾（Virginia Satir）提出「經驗取向家庭治療」（Experiential Family Therapy）。薩提爾認為「自我尊重」對生存有很重要的作用，一個人的「自尊」（Self-Esteem）對當事人的思想與行動會產生重大影響。高自尊的人面對考驗能靈活應變，反之，低自尊的人會成為身邊人的沉重包袱。很多低自尊的人，或家人是低自尊的人，在理解發生了什麼情形，學習應對方法的過程中，感受到前所未有的自由。自由會讓人變得坦率，更懂得尊重與愛自己。

在我們與家人的關係中，我們要站在自己、他人與情況的角度上認知問題，如果偏向某一方，我們就無法客觀看待問題。讓我們了解一下薩提爾提出的四種「不良溝通」（dysfunctional communication），並判斷自己的家庭是使用哪一種溝通方式。

討好型溝通者：順從、安靜又不起眼的存在

討好型（placating）溝通者會壓抑情緒，站在受害者立場上，迎合對方，努力藏起會讓對方不舒服，或對方不喜歡的言語行徑。這一類溝通者因為極度反感爭執，因此會滿足對方的要求，低聲下氣，犧牲與壓抑自我。

通常傳統韓國社會的母親是透過討好型溝通方式和家人相處。在古代，女性被諄諄教誨「出嫁後，死也是婆家的鬼，不能再回娘家」。因此，古代母親忍受著丈夫的暴力、外遇和辛苦的婆家生活，壓抑情緒，哪怕遇到不公平的事，只有暗自飲泣的份，不敢挺身爭取。她們會向孩子怨嘆身世，讓孩子可憐自己、保護自己。如果你的母親是討好型溝通者，相信上述內容你再熟悉不過了。

當孩子都離巢了，媽媽忍耐到極限就會離婚。有陣子吹起了熟齡離婚風潮，太太連丈夫的聲音都不想聽到，堅持和丈夫分開。討好型溝通者不懂得尊重自己，大多低自尊，低存在感，認為維持好一段關係的前提是自我犧牲。她們習慣性放低身段，別人常常誇她們「善良」、「溫順」、「個性好」，而她們聽見別人讚美自己是好人，也會覺得自己沒問題，甚至認為自己的隱忍保全了家庭。

可是，丈夫看見中晚年忽然變了個人的太太，肯定會想：

「妳之前什麼都不說，現在幹嘛這樣？我現在又不會對妳動手。」

這一類的媽媽從小就學會忍耐，不表達真實想法，也認為這是最好的方式。這一類的媽媽要學會表裡如一的溝通，向對方坦承真實內心，唯有如此，過去被壓抑與扭曲的心才能釋放，關係才能恢復。

討好型溝通者的特徵

- 不斷地想照顧某人。
- 得到他人的認可與讚美，才會覺得自己有價值。
- 脾氣溫和，看起來很照顧身邊的人。
- 不關心自己。
- 缺乏存在感。

討好型溝通者的內心

- 憂鬱、壓抑、不安、有自殺衝動。

討好型溝通者常見疾病

- 無精打采、消化不良、頭痛、恐慌障礙。
- 隨著年紀增長，壓抑的情緒會表現在身體上，提高罹癌機率。
- 火病（火病是韓國女性獨有的特殊疾病，其他國家甚至沒有這樣的病名）[4]。

4 譯註：因在生活中遭遇煩惱卻無處發洩憤怒而導致的精神疾病，類似憂鬱症。

指責型溝通者：總是聲稱「我才是對的」的獨裁者

指責型（blaming）則相反，指責型溝通者永遠認為自己是對的，並主張自己的權力，絕對聽不進別人的話，也絕對不容許自己感到不舒服，或被人指責。這一類的人外在要強，事事要求盡善盡美，無法信任他人，動不動對人頤指氣使。他們也會把自己的負面情緒投射到對方身上，退化成小孩，呈現鬧脾氣或發脾氣的模樣，固執己見，認為自己都是對的，別人都是錯的。

過去這種面貌多半出現在父親身上，權威的大男人主義父親容易指責妻兒，且認為男人絕對不能哭，要扛起一家之主的責任，要保家衛國。指責型溝通者喜歡選擇迴避型溝通者當配偶，因為迴避型溝通者擅長忍受他們的性格，且善良溫馴，不會唱反調或做出攻擊性的反抗行為。迴避型溝通者是指責型溝通者能放心的配偶人選。

而從孩子的角度看來，假如爸媽之間有一人是指責型，那麼另一人大多是迴避型。如果某人的父母或家人中有指責型溝通者，那個人有可能一輩子都背負著沉重的包袱。指責型溝通者會這麼說：

「我當然要好好表現，不過既然我現在已經表現得很好了，剩下的，你們好好做就行了。」

指責型溝通的母親在家人做錯事時，時常給予強烈責備與批評，並道：「這都是為了我們家好。」她們認為自己的教育方式能使對方醍醐灌頂，「如果你自己夠努力，我幹嘛還需要說這些？」一口咬定自己的強烈訓斥是正確的方式，無法意識到自己正在指責對方，傷害對方。

指責型溝通者經常指責他人，反之，如果有人指責她們，她們就會非常厭惡對方。因為她們自認為做得非常好，十全十美，沒有必要受到他人的指責。而她們因為不斷地批評與教訓家人，所以家人會害怕、迴避與疏遠她們。

指責型溝通者強烈渴望被人肯定，但因為家人無法滿足她們所需要的愛與需求，會轉向外界。在情感上，這一類的人內心有許多恐懼與擔憂，無法接納自己，理解自己，更不能愛自己，因此同樣地無法理解與愛別人。她們潛意識中不喜歡自己，無論如何都想要透過他人的肯定，確定「我是個不錯的人」。她們注重外表，對生活有著高標準，很難滿意或者說不知道什麼生活才是滿意的。雖然她們時時刻刻鞭策自己與家人，不過本人無法察覺到自己的嚴酷標準，假如對方感到不幸，她們會說：「那都是你的錯。」

指責型溝通者在成長期承受了不平等待遇與不舒服的情緒，受到過去的影響，她們內心深處充滿憤怒，永遠停留在疲憊的內心與需求不滿足的時期。

雖然她們很希望能滿足於現在的生活，但很難辦到。要獲得生活的滿足感，她們必須客觀地觀察過往感受不到，但現在感受到的情緒，還有得正視自己過去的傷痛才行，也唯有如此，才能接納與理解自己及他人。

指責型溝通者的特徵

- 責怪他人。
- 喜歡說威脅別人的話。
- 主觀性判斷。
- 命令對方。
- 喜歡咬住對方的缺點。
- 像獨裁者。

指責型溝通者的內心

- 憤怒、憤慨。
- 挫折、挫敗感。
- 不信任別人、孤獨。
- 成長期壓抑的情緒導致的痛苦。
- 道德強迫性。
- 敵對他人，好競爭。
- 偏執或暴力。

指責型溝通者常見疾病

- 肌肉緊繃、高血壓、腦中風、心臟病。

迴避型溝通者：以理性與合理武裝自己的中立者

迴避型（super-reasonable）溝通者（超理性者）只依循規則，只看對錯是非，態度冷靜，頑固，獨立性行動，當關係發生矛盾時，她們會壓抑情緒，解讀客觀情形，將之合理化。她們自覺是個理性派，且合邏輯，不但忽視自己的情緒，同樣忽視他人的情緒，冷靜地看待問題。她們排斥感情用事，也認為不該感情用事。如果她們小時候經常看見生氣的爸爸和哭泣的媽媽，為了求生存，會選擇壓抑自己的情緒，獨自回房，想著：

「我長大不會像爸爸一樣發脾氣。」

「我長大不會像媽媽一樣哭得像個傻瓜。」

她們長大後自然而然地成為不喜歡爭執的人，無法應對感情用事的情形，並認為感情用事是不好的，反而引起問題。同樣，當涉及情緒問題時，她們也選擇採取冷靜的姿態置身事外，或轉身不理，導致對方不滿。她們也聽不進別人的意見。儘管她們很難解決親近家人之間的問題，無法與家人共情，但在與己無關的情況下，她們能客觀分析並提出建議，幫助解決問題。關係越是疏遠的人，越會覺得迴避型溝通者是個不錯的人。

迴避型溝通者壓抑自己的情緒，認為情緒是無用之物，徹底斷絕情緒，認為暴露真實情緒是羞愧可恥的。哪怕是談起自己的痛苦，她們也會以第三者的方式說話，把過去的自己視為客觀存在，像看待某個物品一樣，批評或評價過去的自己。她們厭惡自己或與自己保持距離，如果有人說「遇到那種情況，妳一定很難受」，她們會答：「也許吧。」

她們很難和親近的家人維持親密關係，其他的人際關係也欠佳。迴避型溝通者低估自己和他人，僅聚焦在解決問題的方法上。正因為她們一直壓抑情緒，因此對別人的情緒也會感受到壓力。每當遇到極端的問題，內心原先壓抑的憤怒或委屈就會湧上，行為舉止相當敏感。因為經常壓抑情緒，所以她們常常覺得自己很委屈。別人對她們傾訴的時候，會產生「對牆說話的心情」。

迴避型溝通者不易建立情緒起伏大的關係，喜歡一個人獨處，在保持適當距離的狀態下建立關係，一旦與人拉近關係就會產生矛盾，距離也會跟著偏遠。因此，她們會和家人保持適當距離，努力避免矛盾，配偶或子女會覺得和她們心靈有隔閡感，但她們不是故意的，是因為只懂得這個方法。

如果她們能理解自己的情緒，並且練習大方表達情緒，不感覺到羞恥，情況就會有所好轉。她們要了解造成現況的負面情緒經驗，認識自己。比起其他人，她們需要更長的時間才能改善，在改善過程中，會無法面對情緒高潮起伏的自己，會想躲避。她們必須訓練不要光用大腦理解問題，而要用情緒去感受。

迴避型溝通者的特徵

- 會對某種情況進行漫長分析。
- 迴避私人話題與內心話。

- 情緒幾乎不表露於外。
- 對自己的價值缺乏自信。

迴避型溝通者的內心

- 敏感。
- 孤單、孤獨。
- 空虛。
- 無力。
- 害怕喪失控制力。
- 易受傷。

迴避型溝通者常見疾病

- 皮膚病、淋巴異常、腰痛、單核白血球增多症（Mononucleosis）、心臟相關疾病、癌症等等。

不適當型溝通者：無處安身的散漫的流浪漢

不適當型（irrelevant，散漫型）溝通者對矛盾情況的態度非常混亂，會用散漫的行動掩蓋自己畏縮的情緒。如果遇到問題，她們不會留在「讓我感到不自在的這裡」，心會飄到別處。她們外表看起來很不安、散漫，會被他人指責不合宜的言行舉止（實際上他們是想要緩解氣氛）。她們厭惡嚴肅情境，無法專注精神，喜歡嘗試各種東西。

不適當型溝通者有可能是小時候父母吵架時，兩邊跑來跑去地安撫，希望能改善父母的嚴肅氣氛。她們不喜歡就事論事，處理眼前的情況，愛用沒頭沒腦的話擺脫當下情況。假如朋友之間聊起嚴肅話題，她們會感到不安，想搞笑。她們無法了解自己與他人的情況，承受不住混亂的情緒，養成假裝開朗、轉移話題的習慣。她們外表看似開朗，實際上，內心處於重度憂慮與不安的混亂狀態。

她們喜歡輕鬆，喜歡同時做很多事，所以很多時候無法好好地善後，有時候會被親密的家人指責：「妳根本沒有用心。」看著她們做事的人也會因為不安，出手幫助她們，而她們認為那就是愛與關注，並不知道家人對她們的散漫感到不安與擔心。最後家人會爆發不滿，斥責「妳到底有沒有腦子」，從而產生矛盾。她們無法忍受緊張，試圖透過散漫行徑逃避壓力。

處於成長期的不適當型溝通者主要會出現的症狀有散漫、發呆、愛玩遊戲、沉迷於奇幻漫畫、試圖迴避現實。他們內心空虛，感受不到人生的意義。

不適當型溝通者要練習安靜地接受並面對嚴肅、沉重的氣氛時，當然要忍受那種氣氛會讓人很不舒服，但她們要學會想「雖然現在這種氣氛不是我的錯，但如果我說了不適當的話或做出不適當的行動，有可能會讓氣氛變得更嚴重。」她們必須意識到不合宜的言語或行為會讓周遭的人把她們看成怪咖、不懂得掌握氣氛的人或沒腦子的人。只要她們知道自己的行為會招致何種後果，她們就會自然地改變許多。

不適當型溝通者的特徵

- 過度活躍。

- 太有行動力。
- 對人類的情緒很遲鈍。
- 試圖用不適合當下情況的行為引起他人關注。

不適當型溝通者的內心

- 十分敏感。
- 隱藏真實情緒。
- 陷入孤獨與孤立感。

不適當型溝通者常見疾病

- 神經系統異常、腸胃異常、糖尿病、偏頭痛、暈眩等等。

我體內的各種類型

人的個性不是由單一類型所構成，一個人約有兩到三種類型，再者，在家裡與在外面戴上的面具可能會不一樣。我們應該檢視一下自己對親近的家人使用哪一種溝通方式，因為在家庭中能發現我們在社會生活中不常表露的性格。我們會在像家一樣舒服的空間裡展現出原本面貌，這也是為什麼家人之間越容易傷害對方。

即使家人之間沒有問題，溝通也很順利時，也有可能突然發生某種矛盾，氣氛忽然就會產生變化。在這種情況下，我們要仔細觀察自己與家人使用哪種類型的溝通方式，理解我與家人為什麼選擇該溝通類型。還有，我們要做到表裡如一，內心所想與嘴上所講的一致，假如心裡不舒服，外表卻在笑，那就要改正這一點。只要積極努力，這種情況很快就會得到改善。

成為壞女兒的練習

女兒試著回想父母使用哪一類型溝通方式，小時候我又從父母那裡學到哪種類型的溝通方式。我們隨時都要坦率表達真實自我，如果身體長大了，內心卻停留在兒時，那麼我們就得回到過去，面對經歷痛苦的兒時的自己，唯有如此，我們才能活在不同過往的現在。

如果女兒遇到討好型的媽媽被指責型爸爸施加暴力與折磨

- 做為女兒，但小時候一直忍耐。
- 過了青少年期，女兒為了擁有自我防禦的力量，變成比爸爸更高階的指責型。

- 長大成人後的現在，說不定女兒也正在對身邊的人進行指責與暴力。

如果女兒遇到指責型的媽媽和討好型的爸爸

- 在家庭內部爭執下，女兒成長過程中一直看到憤怒、發脾氣的媽媽。
- 因為女兒常常被媽媽罵，所以下定決心「我長大後不要變得跟媽媽一樣」，於是長大成了討好型。
- 長大後的現在，女兒可能無法感受他人的情緒。
- 也許女兒在養育子女時的養育方式會過於理性與冷靜。

如果女兒遇到了迴避型媽媽與不適當型爸爸

・女兒會討厭指責並討厭爸爸的媽媽。
・女兒會同情爸爸，女兒自己長大也可能變成不適當型。
・長大成人後，女兒的情緒可能也是不穩定的。
・女兒為人母後，有可能無法把心思放在子女身上，只追求自己的外表與快樂，散漫地養育子女。

如果女兒遇到了散漫型媽媽和指責型爸爸

・媽媽可能一直被爸爸罵。
・媽媽有可能不在家裡，整天在外面閒晃。
・女兒要回想一下看著那樣的媽媽長大，自己是不是變成了迎合父母的討好型溝通者。

- 女兒為人母後，養育子女時也有可能變成依賴子女的有氣無力的媽媽。

我們通常會選擇和自己不同溝通方式的人做為配偶，但大部分的人都沒能察覺這種傾向。即使是現在，我們也應該整理一下我所認為重要的標準與規則，只有深入了解自己，我們才能幫助自己。還有，只有了解對方，我們才能客觀地看待自己與他人，到了那時，我們才能從人際關係中解放。

國家圖書館出版品預行編目資料

討厭媽媽的我，是不是個壞女兒？/金善英（김선영）著；黃莞婷 譯.--初版.--臺北市：平安. 2023.3 面；公分. --（平安叢書；第0755種）（Upward；143）
譯自：엄마를 미워하면 나쁜 딸일까: 영원한 애증의 관계인 모녀 심리학

ISBN 978-626-7181-55-3（平裝）

1.CST：應用心理學 2.CST：親子關係

177.3 112001232

平安叢書第 0755 種
Upward 143

討厭媽媽的我，是不是個壞女兒？

作　　者—金善英
發 行 人—平　雲
出版發行—平安文化有限公司
台北市敦化北路120巷50號
電話◎02-27168888
郵撥帳號◎18420815號
皇冠出版社(香港)有限公司
香港銅鑼灣道180號百樂商業中心
19字樓1903室
電話◎2529-1778　傳真◎2527-0904
總 編 輯—許婷婷
執行主編—平　靜
責任編輯—張懿祥
美術設計—之一設計/鄭婷之、李偉涵
行銷企劃—薛晴方
著作完成日期—2021年
初版一刷日期—2023年3月

法律顧問—王惠光律師

讀者服務傳真專線◎02-27150507
電腦編號◎425143
ISBN◎978-626-7181-55-3
Printed in Taiwan
本書定價◎新台幣340元/港幣113元